Schnitt der Obstgehölze

Prof. Dr. Friedrich Hilkenbäumer
Hans-Georg Ritsch

Schnitt der Obstgehölze

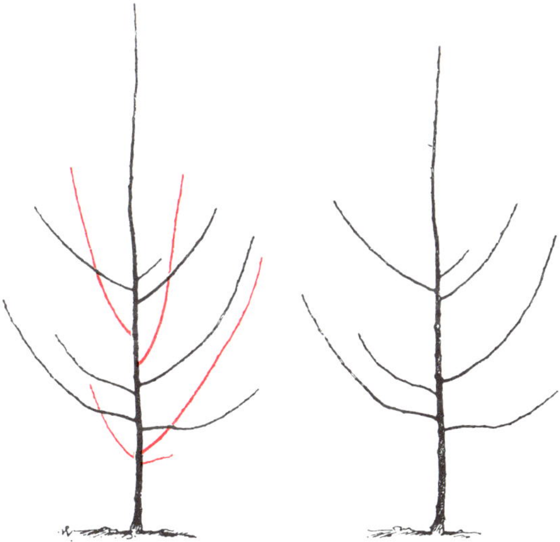

NaturBuch
VERLAG

Meiner Tochter
Heike Wulf
in Dankbarkeit
gewidmet

Deutsche Bibliothek – CIP-Einheitsaufnahme

Schnitt der Obstgehölze / Friedrich Hilkenbäumer/Hans-Georg Ritsch. [Zeichn.: Hans Preuße]. – Augsburg : Naturbuch-Verl., 1998
ISBN 3-89440-342-X

Naturbuch Verlag

16. Auflage
neu bearbeitet von Hans-Georg Ritsch

Umschlaggestaltung:
KA · BA factory, Augsburg
Umschlagfotos: W. Redeleit, R. Sulzberger
Photos: Hans-Georg Ritsch
Zeichnungen: Hans Preuße/Anna Aisenstadt
Satz: 10/11,6 pt Stone von Cicero Lasersatz GmbH & Co, Dinkelscherben
Druck: Himmer, Augsburg
Printed in Germany
ISBN 3-89440-342-X

Vorwort zur 16. Auflage

Bei Pflegearbeiten an Obstgehölzen nimmt der Obstbaumschnitt eine zentrale Rolle ein. Trotzdem sind immer noch Fragen ungeklärt. Auch die zahlreichen nationalen wie internationalen Abhandlungen über Schnittmethoden haben nicht in allen Punkten zur Klarheit beigetragen.

Die immer wieder auftretenden Unsicherheiten sind z. B. dadurch bedingt, daß Obstsorten nicht nur verschiedene Wuchsstärken aufweisen, sondern auch unterschiedliche Wuchscharaktere zeigen, die auf ein und dieselbe Maßnahme recht unterschiedlich reagieren. Hinzu kommt, daß das Wachstum auf verschiedenen Unterlagen und an verschiedenen Standorten bei ein und derselben Sorte sehr verschieden ist, und auch die Fruchtbarkeit bei gleichen Sorten unter verschiedenen klimatischen Bedingungen unterschiedlich verläuft.

Es ist notwendig, daß die Bedeutung der Unterlage für den Obstbau in die Überlegungen und die Ausführung von Schnittmaßnahmen stärker einbezogen werden. Dieser Forderung entsprechend wurde ein Kapitel „Unterlagen für Apfel, Birne, Kirsche, Pflaume und Zwetsche" neu eingefügt. Es soll im Zusammenhang mit der Wirkung der Wachstumsgesetze für mehr Sicherheit in den Schnittmethoden geben.

Gleichzeitig ist in die Neuauflage dieses Buches im Zusammenhang mit der Unterlagenfrage ein geschlossenes Kapitel über einen konkreten Erziehungsverlauf mittels einer Schnittmethode beim Apfel und mit Einschränkungen bei der Birne eingefügt worden. Es wird der Hoffnung Ausdruck gegeben, daß die weitere Überarbeitung Lebensvorgänge und Reaktionen auf Schnittmaßnahmen deutlicher werden lasse. Dem Verlag gebührt Dank für die Bereitschaft dieses Buch in neuer Ausstattung auf den Markt zu bringen.

Hans-Georg Ritsch, Kassel, im Mai 1998

Inhalt

Vorwort zur 16. Auflage ... 5

Zur Einführung: Wichtige Begriffe und ihre Bedeutung ... 8

Grundlagen ... 15

Zonen natürlicher Trieb- und Fruchtbildung bezogen auf die Entwicklungsperioden des Baumes ... 15

Zonen natürlicher Fruchtholzbildung bei bestimmten Sorten ... 16

Die Wirkung der Wachstumsgesetze ... 18

Unterlagen von Apfel, Birne, Kirsche, Pflaume und Zwetsche ... 27

Unterlagen für den Apfel ... 29
- Sämlingsunterlagen ... 29
- Vegetativ vermehrte Unterlagen (Typen- bzw. Klonunterlagen) ... 31
  - Schwachwachsende Typen-Unterlagen ... 32
  - Mittelstarkwachsende Unterlagen ... 34
  - Starkwachsende Apfelunterlagen ... 36

Unterlagen für Birnen ... 39
- Sämlingsunterlagen ... 39
- Vegetativ vermehrte Unterlagen ... 40

Unterlagen für Kirschen ... 42
- Sämlingsunterlagen ... 42
- Vegetativ vermehrte Unterlagen ... 43

Unterlagen für Pflaume, Zwetsche, Reneklode, Mirabelle, Pfirsich und Aprikose ... 46
- Sämlingsunterlagen für Pflaumen und Zwetschen ... 47

Vegetativ vermehrte Unterlagen für Pflaumen und Zwetschen ... 48

Schnittechnik ... 51

Der Schnitt einzelner Obstsorten ... 59

Kernobst ... 59
Schnitt von Apfel ... 61
Pflanzschnitt allgemein ... 61
Die wichtigsten Schnittstadien bei verschiedenen Apfelsorten ... 65
Überwachungs- und Auslichtungsschnitt allgemein ... 95
Die schlanke Spindel ... 108
Schnitt von Birne ... 121
Schnittstadien von Sorten mit unterschiedlichem Kronenaufbau ... 121
Auslichtungsschnitt allgemein ... 134

Erziehung von Kernobstspalieren ... 137

Steinobst ... 140
Schnitt von Schattenmorelle ... 141
Schnitt von Süßkirsche ... 156
Schnitt von Pfirsich ... 159

Umveredelung von Kern- und Steinobst ... 161
Veredelungsverfahren ... 162
Durchführung der Umveredelung ... 171

Beerenobst ... 176
Schnitt von Johannis- und Stachelbeere ... 177
Schnitt von Himbeere ... 186
Schnitt von stachelloser Brombeere als Hecke ... 187

Weinreben ... 188

Art und Zeitpunkt des Schnittes bei den verschiedenen Obstgehölzen ... 191

Literatur ... 192

Zur Einführung: Wichtige Begriffe und ihre Bedeutung

Mit Hilfe des Obstbaumschnittes ist die Möglichkeit gegeben, am jungen wie auch am vollentwickelten und am alternden Baum im gesamten Kronenraum das *physiologische Gleichgewicht* zwischen Trieb und Ertrag herbeizuführen und zu erhalten.

Es läßt sich feststellen, daß eine Abkehr von streng erzogenen Baumformen stattgefunden hat. In Erkenntnis der natürlichen Entwicklung eines Baumes wird heute vom *naturgemäßen Schnitt* gesprochen. Unter diesem Begriff wird eine Kronenbehandlung verstanden, die „später keine wesentlichen Korrekturen“ (Kemmer) erforderlich macht. Eine jährliche Überwachung der jungen Triebe gibt der Krone auf der einen Seite Stabilität, auf der anderen Seite wird die Fruchtbarkeit früh eingeleitet und laufend und lange erhalten.

Die einzelnen Schnittmaßnahmen orientieren sich an den einzelnen Entwicklungsperioden der Obstgehölze. Im einzelnen sind das: *die Jugendperiode (JP), die zunehmende Ertragsperiode (ZP), die Vollertragsperiode (VP), die abnehmende Ertragsperiode (AP)* und *die Altersperiode (= Abgangsstadium).*

Die *Jugendperiode* ist durch kräftige und lange Triebbildung gekennzeichnet. Die Triebe stehen im spitzen Winkel zur Stammachse = Mitteltrieb.

In der *zunehmenden Ertragsperiode* werden verstärkt Seitentriebe gebildet, es entstehen mehrjährige Äste. Die Winkel der gebildeten Äste und Jungtriebe sind aber immer noch verhältnismäßig spitz.

Volle Kronenentwicklung kennzeichnet die *Vollertragsperiode.* Die Baumkrone besitzt zahlreiche verzweigte Äste und Zweige. Die äußeren Kronenteile senken sich, der jährliche Zuwachs läßt nach und die jüngeren Astwinkel werden stumpfer.

Die *abnehmende Ertragsperiode* zeigt in der Krone verminderten Längenzuwachs aller Neutriebe, es wird nur noch kurzes und schwaches Fruchtholz gebildet. Blüten und Früchte werden deutlich kleiner und die Alternanz (jährlich schwankende Erträge) nimmt deutlich zu. Äußere Kronenteile hängen über (Überbauung) oder sind nach unten gerichtet.

In der *Altersperiode* findet kaum noch Zuwachs statt. Blätter, Blüten und Früchte bleiben klein.

Die Dauer der einzelnen Perioden schwankt je nach Obstart, Sorte, Unterlage und Standort. Längere Lebensdauer eines Obstbaumes ist in der Regel mit einer längeren Jugendperiode verbunden.

Mit dem Schnitt kann man regulierend eingreifen. Mäßiger Rückschnitt oder gar Unterlassung verkürzt die Jugendperiode, scharfer Rückschnitt verlängert sie. Die Vollertragsperiode kann durch einen der Wuchsstärke des Baumes angepaßten Schnitt (naturgemäß) verlängert werden, durch scharfen Schnitt wird sie verkürzt. Ein scharfer Eingriff in die Krone kann bei gesunden Bäumen die abnehmende Ertragsperiode hinauszögern, durch Vernachlässigung des Schnittes wird die Altersperiode früher erreicht.

Die Anpassung an die einzelnen Entwicklungsperioden der Obstgehölze wird mit Hilfe verschiedener Schnittarten erreicht.

Der *Erziehungs-* oder *Aufbauschnitt* umfaßt die Periode der Jugendentwicklung und reicht je nach Obstart, Unterlage und Standort bis in die Periode des zunehmenden Ertrages hinein. Der Erziehungsschnitt beginnt mit dem Pflanzschnitt, also unmittelbar bei oder nach der Pflanzung. Er ist in der Durchführung abhängig vom Alter der Krone und der beabsichtigten Baum- und Kronenform, die zu diesem Zeitpunkt endgültig festgelegt wird.

Bereits während der zunehmenden Ertragsperiode geht der Erziehungsschnitt über in den *Instandhaltungsschnitt.* In dieser Phase wird zu dicht stehendes und nach innen gerichtetes Holz weggeschnitten. Der Rückschnitt der Leit- und Seitenäste wird, von Ausnahmen abgesehen, eingestellt. Zur Erhaltung der vorgegebenen Kronenform wird mit dem Übergang von der zunehmenden Ertragsperiode in die Vollertragsperiode der *Überwachungsschnitt* durchgeführt. Während dieser Zeit soll mit dem Überwachungsschnitt erreicht werden, daß später nicht zu viele stärkere Äste entfernt werden müssen, die größere Wunden hinterlassen. Trotz aller durchgeführten Schnittmaßnahmen läßt es sich nicht vermeiden, daß auch bei naturgemäßer Kronenbehandlung in den einzelnen Jahren ein Austausch abgetragener und stärkerer Äste vorzunehmen ist. Mit Hilfe des *Auslichtungsschnittes* werden trotz der Überwachung zu dicht gewordene Kronen wieder lichter gestaltet. Beide Maßnahmen – Überwachung und Auslichtung – schließen sich nicht aus, sie ergänzen sich.

Durch hohe Ertragsleistungen und natürliche Entwicklung wächst der Baum in die abnehmende Ertragsperiode, ohne bereits die Alterung erreicht zu haben. Jetzt beginnt die Erneuerung. Hier ist zwischen dem *Verjüngungsschnitt* und dem *Umpfropfen* zu entscheiden. Wichtig ist, daß der Verjüngungsschnitt nicht erst einsetzt, wenn eine deutliche Überalterung erkennbar ist, d. h. der Baum bereits die Neutriebbildung eingestellt hat, Fruchthölzer zu kurz und Blüten zu klein bleiben. Dieser Zustand wird bei Bäumen auf schwachwachsender Unterlage verhältnismäßig frühzeitig eintreten. Der nun erforderliche Verjüngungsschnitt bedingt einen kräftigen Eingriff im gesamten Kronenbereich, so daß 50–60 % des Kronenvolumens entfernt werden. Dabei wird zur Erhaltung der vorliegenden Kronenform nach den Grundsätzen des Erziehungsschnittes vorgegangen. Als Reaktion auf diesen Eingriff bildet der Baum viele kräftige Triebe, die in den folgenden zwei bis drei Jahren nachbehandelt werden müssen.

Mit Hilfe der Umveredlung – dem *Umpfropfen* – werden etwa nicht mehr gefragte Sorten durch andere ersetzt. Es ist allerdings zu entscheiden, ob auf Grund des Alters und des Gesundheitszustandes des Baumes ein Umpfropfen noch sinnvoll ist. Beim Umpfropfen sollte möglichst wenig des alten Astgerüstes erhalten bleiben. Wie beim Verjüngungsschnitt müssen umveredelte Kronen einige Jahre wie junge Kronen geschnitten werden, um ein tragfähiges Gerüst aufzubauen.

Das Wachstum der Obstbäume vollzieht sich nach Gesetzmäßigkeiten, den sogenannten Wirkungsgesetzen. Entsprechend reagieren Obstbäume auf Schnittmaßnahmen. Zwei Begriffe müssen erklärend vorangestellt werden. Mit Hilfe des *Rückschnittes* wird ein Trieb oder Ast eingekürzt, etwa bei der Durchführung des Aufbau- oder Verjüngungsschnittes. Mit dem *Wegschnitt* wird was zuviel ist oder ungünstig in der Krone steht, an der Entstehungsstelle entfernt.

Das natürliche Wachstum der Obstbäume wie auch die Reaktion auf verschiedenartige Eingriffe vollzieht sich nach dem *Gesetz der Spitzenförderung* oder Akrotonie. Diese Gesetzmäßigkeit besagt, daß stets die Knospe am stärksten austreibt, die in der Krone am höchsten steht, also in der Kronenspitze. Das gilt nicht nur für die Stammverlängerung, sondern auch für die Knospen nachgeordneter Kronenteile, allerdings je nach Rangordnung und Stellung der Äste mit geringerem Austrieb. Dieses Gesetz gilt auch für Knospen, die nach einem Rückschnitt in der Krone am höchsten stehen, also in der Regel endständige Knospen. Bei waagerechter Aststellung wird nicht nur die Endknospe gefördert, sondern auch die auf der Oberseite des Triebes angeordneten Knospen. Man spricht von der sogenannten *Oberseitenförderung.* In dem Fall, in dem ein Trieb so stark abgebogen ist, daß die Endknospe nach unten zeigt, erfolgt der Austrieb der Knospen am stärksten, die auf dem höchsten Punkt des gebogenen Triebes stehen. Hier handelt es sich um die sogenannte *Scheitelpunktförderung.* Ein Trieb kann auch bereits an der Basis, also am Punkt seiner Entstehung, nach unten abgebogen sein. Dann kommt es zum Austrieb einer Basisknospe. Man spricht von der *Basisförderung* oder der Basitonie.

Die Beachtung der Gesetzmäßigkeit der Spitzenförderung ist schon deswegen erforderlich, und zwar bei allen Baum- und Kronenformen, damit die unteren Kronenteile breiter bleiben als die oberen, d. h. damit der sogenannten Überbauung der Krone vorgebeugt wird.

Ein weiteres Wirkungsgesetz ist von ebenso großer Bedeutung: Das *Gesetz von der Stärke des Rückschnittes.* Dieses Gesetz besagt, daß je nach Stärke des Rückschnittes mehr oder weniger starker Austrieb erfolgt. Einfach ausgedrückt: starker Rückschnitt (mehr als 50 % der Trieblänge) = starker Austrieb, schwacher Rückschnitt (weniger als 50 % der Trieblänge) = schwacher Austrieb. Es ist allerdings zu berücksichtigen, daß es im Zusammenwirken von Spitzenförderung und Stärke des Rückschnittes zu einer Umkehrung des Gesetzes von der Stärke des Rückschnittes kommen kann, wenn einer oder mehrere Triebe durch starken Rückschnitt anderen gleichrangigen Trieben in der Länge untergeordnet werden. Man merke sich: Es treibt immer die am höchsten stehende Knospe am stärksten aus, oder: Die Wirkung der Spitzenförderung ist stärker als die Wirkung des Rückschnittes.

Bleibt als dritte Gesetzmäßigkeit noch die sogenannte *Saftwaage* zu erwähnen. Während die beiden vorgenannten Gesetzmäßigkeiten sich in ihrer Wirkung auf den vertikalen Bereich der Krone beziehen, wirkt die Saftwaage im horizontalen Bereich der Krone. Unter Saftwaage versteht man, daß alle Knospen, die auf einer Ebene angeordnet sind, gleich langen Austrieb hervorbringen. Diese Erkenntnis ist wichtig, wenn beispielsweise beim Rückschnitt von Seitenleitästen während des Erziehungsschnittes die Endknospen auf gleicher Höhe angeordnet werden müssen und zwar unabhängig von der Triebstärke. Hier erfolgt eine Gleichstellung aller Äste oder Triebe gleicher Rangordnung.

Baumformen werden normalerweise durch die Stammlänge bestimmt. Die Stammhöhen sind nach den vom Bund Deutscher Baumschulen (BDB) entwickelten DIN-Normvorschriften festgelegt, wobei im Erwerbsobstbau wie auch im Hobby- und Hausgartenbereich die Verwendung kleinerer Baumformen überwiegt.

Kronenformen stellen den Aufbau der Krone mit oder ohne Mitteltrieb dar. Die bekannteste Kronenform ist die Krone mit Mitteltrieb (Pyramidenkrone). Eine Weiterentwicklung dieser

Kronenform ist die sogenannte Dreiastkrone mit Mitteltrieb. In dieser Kronenform kommt zum Ausdruck, daß neben dem Mitteltrieb drei Seitenleitäste das Gerüst bilden und zwar auf die gesamte Lebensdauer des Baumes bezogen. Die weiteren sich nach oben bildenden Astansätze werden entfernt oder nach dem Jahr der Entstehung waagerecht gestellt (gebunden). Die Stellung der Seitenleitäste zum Mitteltrieb erfolgt in möglichst stumpfem Winkel. Dadurch wird die Krone nach oben geöffnet und belichtet und läßt eine langfristige Produktivität des Kroneninnenraumes zu. Die drei Seitenleitäste werden in der Regel gemäß des Zeitpunktes ihrer Entstehung auf einer Ebene als Leitastgruppe angesetzt. Um eine gewisse Entwicklungskonkurrenz untereinander auszuschalten, ist eine Leitaststreuung anzustreben, die lediglich den einen Nachteil hat, daß der Aufbau in verschiedenen Ebenen zwei bis drei Jahre länger dauert. Die Dreiastkrone mit Mitteltrieb hat den Vorteil eines stabilen Kronengerüstes, das heißt einer guten Raumausnutzung hinsichtlich der fruchttragenden Astflächen.

Nicht so bekannt und verbreitet ist die Krone ohne Mitteltrieb, auch Hohlkrone genannt. Üblich ist die Trichterkrone. Sie wird unter Entfernung des Mitteltriebes bei der Pflanzung, ein Jahr danach in der Regel aus drei bis vier Leitästen gebildet, die in der Höhe und Stellung gleichrangig sich jeweils wieder gabeln, so daß nach und nach ein Trichter oder Kessel entsteht. Die Trichterkrone läßt sich niedrig halten, weil kein Mitteltrieb „durchgehen" kann. Die Seitenleitäste sind leicht zu bearbeiten und abzuernten. Es ist allerdings wichtig, durch geeignete Maßnahmen wie etwa „Spreizen" dafür zu sorgen, daß nicht ein Leitast versucht in der Krone die Führung zu übernehmen. Ein Nachteil der Trichterkrone liegt in der Gefahr des Ausschlitzens ganzer Äste bei Vollbehang.

Man kann einer solchen Entwicklung vorbeugen, indem man aus einer Dreiastkrone mit Mitteltrieb eine kombinierte Kronenform entwickelt. In einer frei bestimmten Höhe wird der Mitteltrieb nach einer Aufbauphase entfernt. Eine solche Krone vereinigt die Vorteile der Trichterkrone mit der Stabilität der Dreiastkrone mit Mitteltrieb.

Vom Grundriß her beurteilt, kann man noch zwischen Rund- und Flachkronen unterscheiden. Als Rundkronen werden die beiden vorgenannten Kronenformen bezeichnet; den Spindelbusch alter Prägung kann man ebenfalls dazu rechnen. Flachkronen sind im Grundsatz nichts anderes als umgestellte Rundkronen. Die Flachkronen wurden aus Gründen der Technisierung, des rationellen Arbeitseinsatzes und der Nutzung schmaler Grundstücksteile entwickelt. Typisch für diese Entwicklung ist die Obsthecke. Die Erziehung des Einzelbaumes in einer Hecke, häufig auch als Spalier bezeichnet, vollzieht sich je nach Art und Form in der Regel nach den gleichen Grundsätzen, die bereits an anderer Stelle beschrieben wurden. Die Erziehung des Heckenbaumes erfolgt zwangsläufig mehr oder weniger streng. Auf diesem Gebiet haben sich in der Vergangenheit die verschiedensten Formen der Heckenerziehung entwickelt und tragen nicht selten den Namen des Erfinders. Gemeinsam ist allen Hecken- oder Spalierformen der größere finanzielle Aufwand zur Erstellung eines stabilen, mechanischen Gerüstes zum Anbinden und Formieren sowie ein größerer Zeitaufwand für die Schnitt- und Bindearbeiten.

Besonders üblich im Erwerbsobstbau sind Kronen ohne Seitenleitäste. Hier verbinden sich mit Schwachwuchs erzeugenden Unterlagen verschiedene Formen der Spindelerziehung, die als stabilen Teil der Krone nur die Stammachse besitzen, um die herum sich schwächere Ertragsäste entwickeln, die von Zeit zu Zeit ausgetauscht und durch jüngere Äste ersetzt werden müssen. Die intensivste Form ist die sogenannte „Schlanke Spindel" oder auch „Pillar" genannt. Derartige Anbauformen setzen gute Standorte und die Verwendung schwachwachsender Unterlagen voraus.

Abschließend sei noch darauf hingewiesen, daß alle vorgestellten Schnittmethoden und Kronenformen in ihrer Anwendung eine Kombination aus Schneiden und Hilfsmaßnahmen wie Waagerechtstellen, Binden usw. darstellen.

Zonen natürlicher Trieb- und Fruchtbildung bezogen auf die Entwicklungsperioden des Baumes

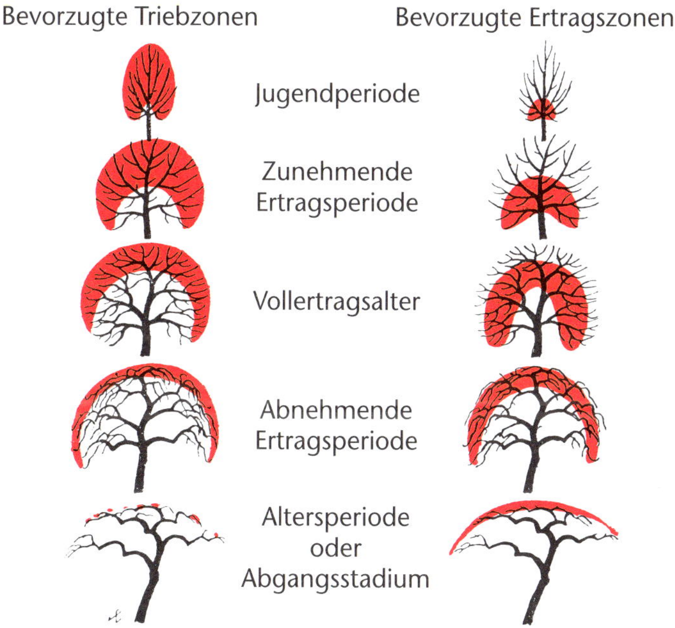

Im Laufe der Entwicklung der Krone in den einzelnen Lebensabschnitten finden Verlagerungen der Zonen für die Trieb- und Fruchtbildung statt. Sowohl Trieb- wie auch Fruchtbildung entwickeln sich im peripheren Bereich der Krone. Im Innenraum der Krone entstehen mit zunehmendem Alter reichlich unproduktive Zonen.

Zonen natürlicher Fruchtholzbildung bei bestimmten Sorten

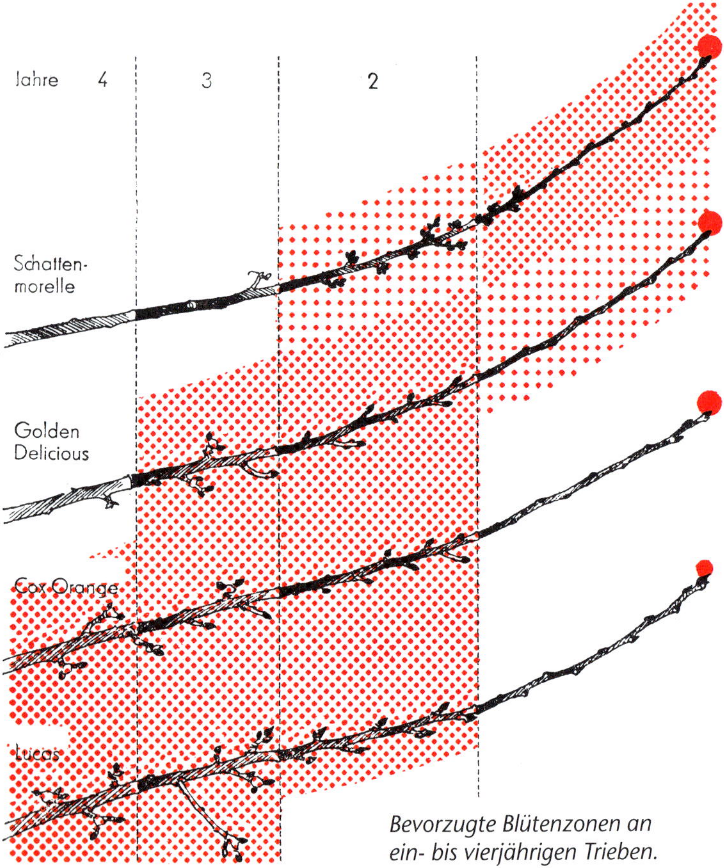

Bevorzugte Blütenzonen an ein- bis vierjährigen Trieben.

Schattenmorelle und andere Steinobstarten blühen bevorzugt am einjährigen Holz. Der blühwillige 'Golden Delicious' bildet meistens, der blühschwierige 'Cox' selten Blüten am einjährigen Holz aus. Birnensorten verhalten sich ähnlich wie 'Cox'. Grundsätzlich gilt, daß alle Obstarten vorwiegend am ein- bis dreijährigen Holz fruchten.

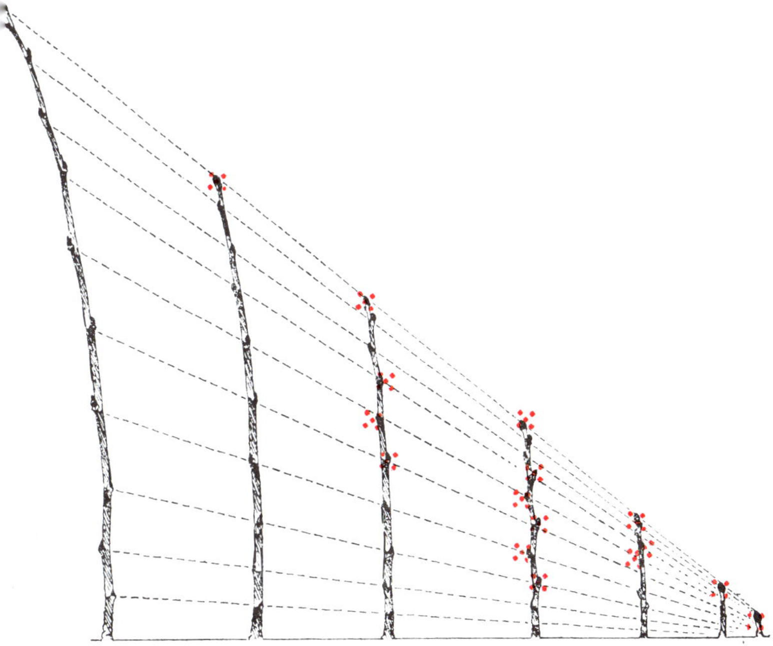

Bevorzugte Orte der Blütenbildung an unterschiedlich langen Trieben bei noch im Aufbau befindlichen Kernobstbäumen.

Die Blütenknospenbildung beginnt mit der Endknospe. Sie wird um so mehr gefördert, je kürzer und je mehr der Trieb zur Waagerechten geneigt ist. Das heißt, daß in der Regel durch zu starken Schnitt oder Rückschnitt vermehrtes vegetatives Wachstum ausgelöst wird – zum Nachteil der Blütenknospenbildung.

Die Wirkung der Wachstumsgesetze

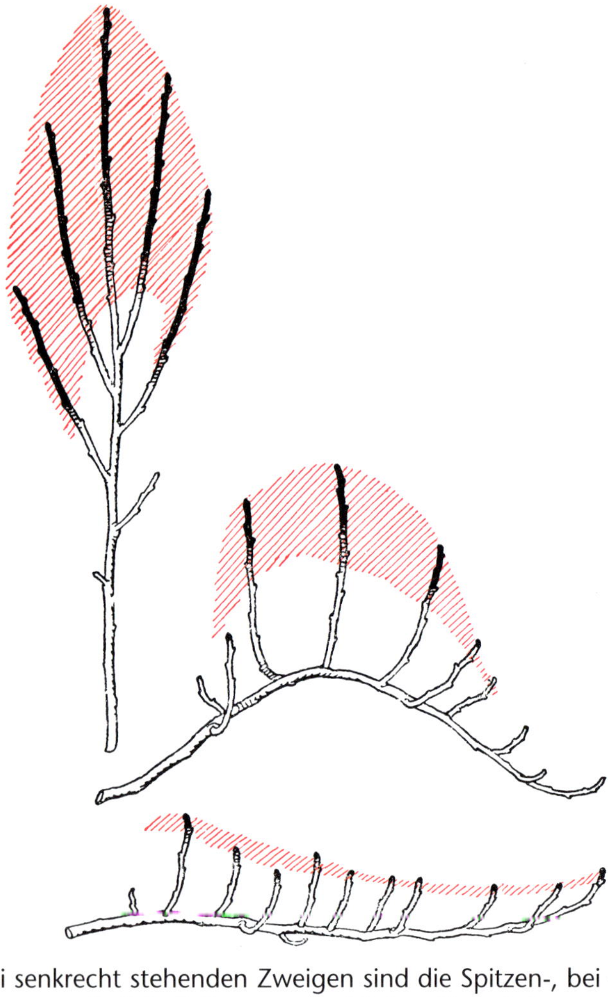

Bei senkrecht stehenden Zweigen sind die Spitzen-, bei gebogenen die Scheitelknospen im Trieb gefördert. An waagerechten Trieben sind alle Oberseitenknospen gleichgeordnet. Hier wirken die natürlichen Gesetzmäßigkeiten der Spitzen-, der Scheitelpunkt- und der Oberseitenförderung.

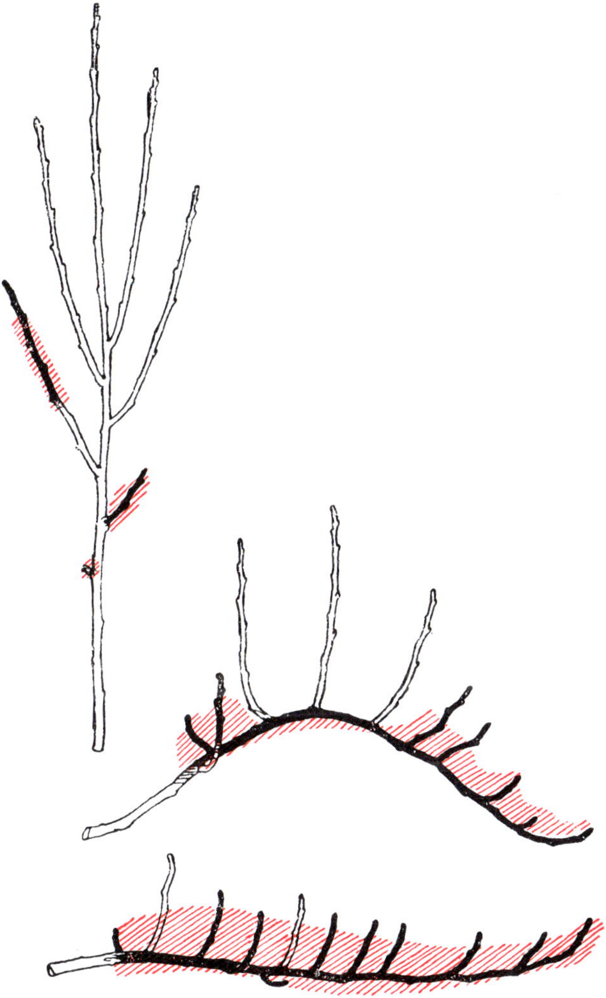

Fruchtknospen werden bevorzugt an schwachen Trieben und an Starktrieben bestimmter Sorten dann gebildet, wenn sie durch Schräg- oder Waagerechtstellung in der Krone untergeordnet werden. Diese Erkenntnisse werden in der praktischen Anwendung durch Waagerechtbinden von Trieben oder Zweigen genutzt.

Triebzonen.

Bei falscher Erziehung der Seitenäste im steilen Winkel zur Mittelachse erfolgen einseitige Förderung höherer Kronenteile, Überbauung und Verkahlen der Astbasis. Bei richtigem Schnitt stehen die Leitäste im flachen Winkel. Die Jungtriebbildung wird laufend neu angeregt. Der Kroneninnenraum bleibt unter Einfluß ausreichender Belichtung produktiv. Durch Regeneration aus dem Kroneninnenraum erreicht man eine Kronen- wie auch Standraumbeschränkung und den Austausch vegetativer wie generativer Triebbereiche.

Ertragszonen.

Nur bei richtigem Schnitt sind baldiger Ertragsbeginn, erhöhter Jugendertrag, fortdauernde und regelmäßige Fruchtbildung an allen Kronenteilen gegeben. Die Ernte kann – im Gegensatz zur falsch erzogenen Krone – weitgehend vom Boden aus erfolgen.

Auswirkungen des Schnittes auf den Austrieb einjähriger Langtriebe.

Ohne Rückschnitt entstehen viele, schwächere und flacher stehende Kurztriebe, die beschleunigt zahlreiche Blüten bilden. Scharfer Rückschnitt führt zur Bildung einzelner starker Triebe, die steiler wachsen sowie weniger und verzögert blühen. Diese Gesetzmäßigkeit von der Stärke des Rückschnittes stellt ein Regulativ zwischen Wachstum und Fruchtbarkeit dar.

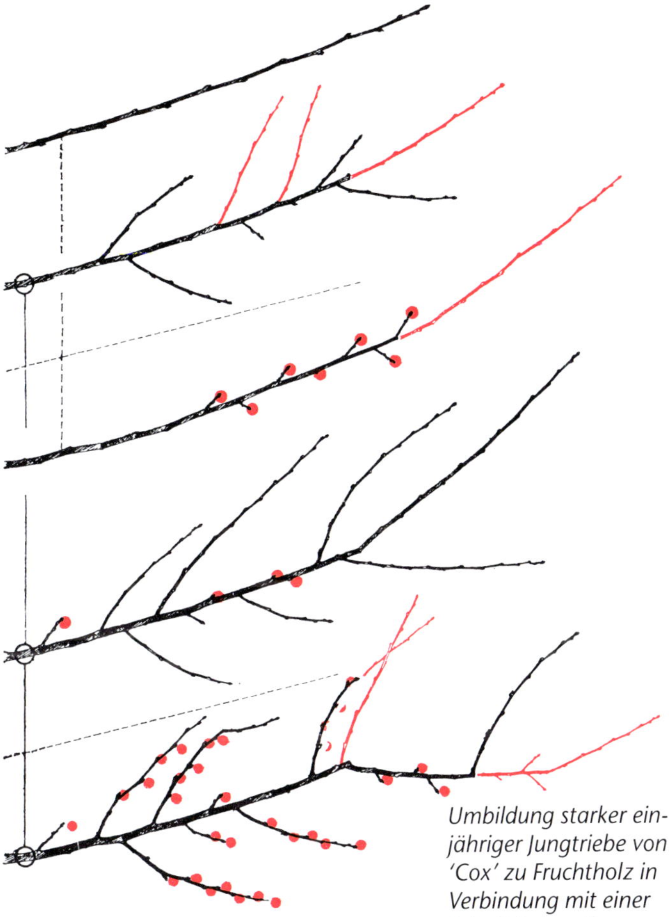

Umbildung starker einjähriger Jungtriebe von 'Cox' zu Fruchtholz in Verbindung mit einer Schnittbehandlung.

Bei allgemein starkem Wuchs bilden kräftige Triebe von 'Cox' im zweiten Jahr keine Blüten aus oder diese fallen ab. Bei sehr vorsichtigem Schneiden, d. h. beim ausschließlichen Belassen des schwächeren Holzes am Ende des zweiten Jahres setzt das Fruchtholz zum dritten Jahr verstärkt Blüten und Früchte an. Apfelsorten mit ähnlichen Neigungen wie 'Cox' sollten ebenso geschnitten werden.

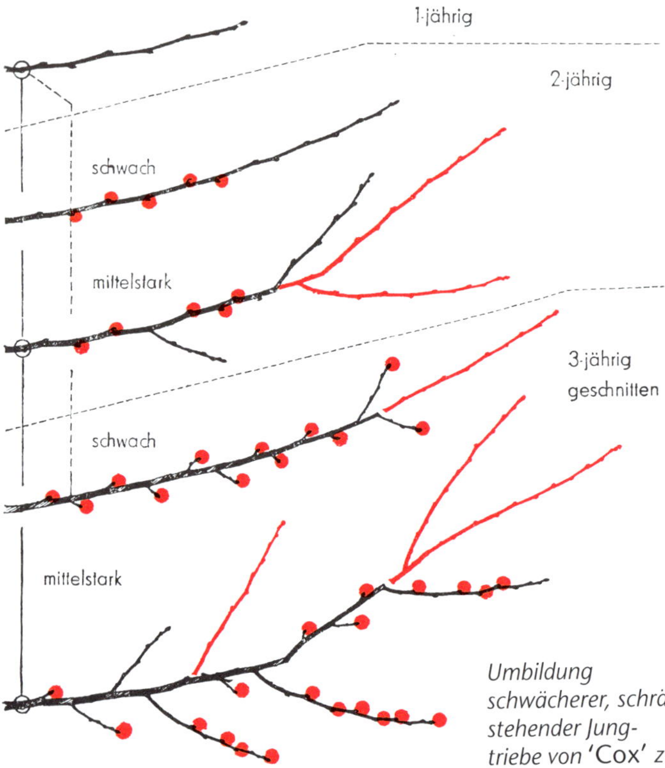

Umbildung schwächerer, schräg stehender Jungtriebe von 'Cox' *zu Fruchtholz und ihre zweckmäßige Schnittbehandlung.*

Schwächere und mehr waagerecht stehende Jungtriebe haben schon im zweiten Jahr zahlreiche Blütenknospen und wenig Triebzuwachs. Ein Ableiten oder ein vereinzelter Rückschnitt der Triebe auf die obere Blütenknospe des zweijährigen Holzes verhindert eine vorzeitige Vergreisung dieser fruchttragenden Äste.

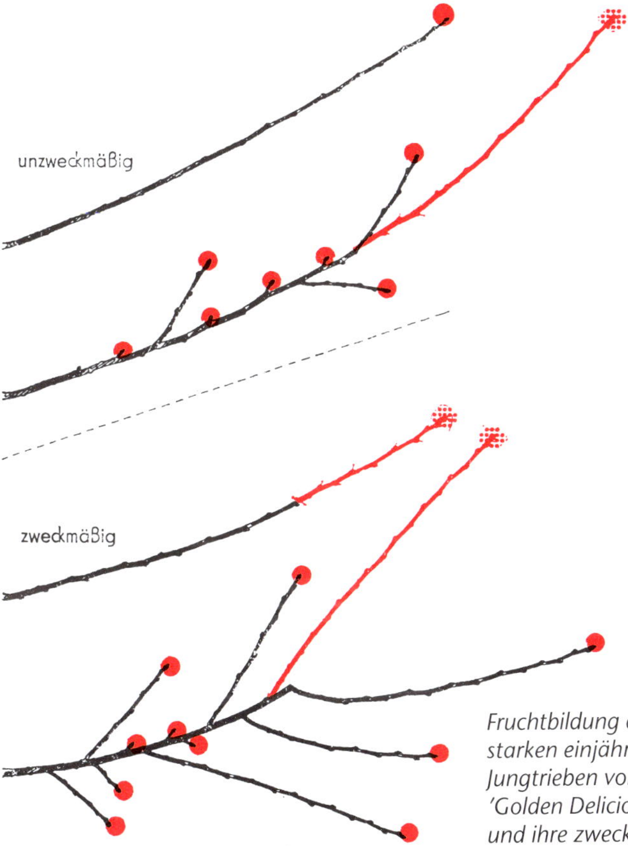

Fruchtbildung an starken einjährigen Jungtrieben von 'Golden Delicious' und ihre zweckmäßige Schnittbehandlung.

Bei dieser sehr blühwilligen Sorte entstehen auch an starken, einjährigen Trieben Blüten und Früchte, die zu so hohen Erträgen führen, daß es im Folgejahr zu Ertragsausfällen kommt. Um die Alternanz zu vermeiden, wird in diesem Fall ein Teil der einjährigen Triebe auf etwa die Hälfte eingekürzt, um einen zu hohen Fruchtansatz zu vermeiden.

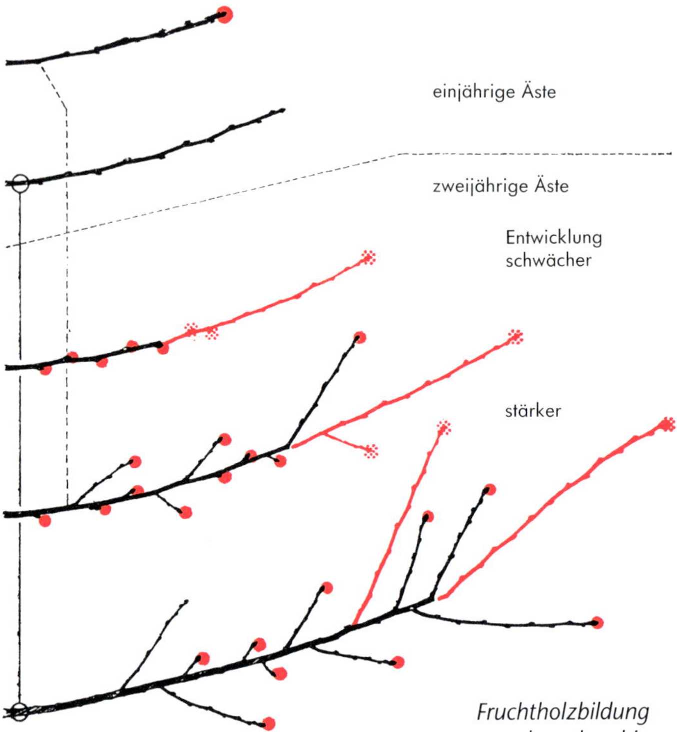

Fruchtholzbildung an schwachen bis mittelstarken Jungtrieben von 'Golden Delicious' und ihre zweckmäßige Fruchtholzbehandlung.

Schwächere einjährige Triebe von 'Golden Delicious' bilden nur die Endknospe als Blüte aus. Ohne Rückschnitt setzen sie erst im zweiten Jahr stärker Blüten an. Schwächeres zweijähriges Fruchtholz ohne Neutrieb wird um die Hälfte eingekürzt. Etwas stärkere einjährige Fruchtäste werden entweder auf einen Seitentrieb abgeleitet oder nicht geschnitten.

Unterlagen von Apfel, Birne, Kirsche, Pflaume und Zwetsche

Fast jeder in der Baumschule gekaufte Obstbaum besteht aus wenigstens zwei verschiedenen Partnern – Pflanzen, die zu einer neuen Pflanze kombiniert werden. Die Wurzelkrone bis zum Wurzelhals wird als Unterlage bezeichnet. Für sie liefert die Edelsorte als zweiter Partner das Edelreis oder Edelauge, das in den Wurzelhals veredelt wird. In der Vergangenheit gab es auch Veredelungskombinationen, bei denen drei Partner zusammengefügt wurden, wenn zum Beispiel auf die Unterlage ein sogenannter Stammbildner veredelt wurde, auf den dann die Edelsorte aufgesetzt wurde. Dieses Verfahren fand Anwendung, wenn beispielsweise eine Edelsorte ungenügende Frosthärte aufwies oder keinen glattschäftigen Stamm ausbildete, z. B. bei der Anzucht von Hochstämmen.

Die Veredelung verbindet zwei oder drei ursprünglich selbständige Individuen zu einer künstlich erzeugten Lebensgemeinschaft (künstliche Symbiose) miteinander.

Die Aufgaben in dieser Lebensgemeinschaft sind verteilt. Die Unterlage übernimmt Nährstoffaufnahme und Verankerung im Boden. Die Krone entsteht aus dem Edelreis, das ebenfalls die Aufbaustoffe für Sproß und Wurzel erzeugt. Es besteht ein sehr starker gegenseitiger Einfluß der Veredelungspartner, der unter bestimmten Voraussetzungen durch Unverträglichkeiten gestört werden kann.

Die aus Aussaaten gewonnenen Sämlinge, die als Unterlagen Verwendung finden, werden Sämlingsunterlagen genannt. Sie wachsen stark und die Edelsorte beginnt auf diesen Unterlagen spät mit dem Ertrag. Wird z. B. die Sorte 'Boskoop' auf eine Sämlingsunterlage veredelt, dann vergehen zwölf und mehr Jahre ehe der Ertrag einsetzt. Sämlingsunterlagen sind die Hauptunterlagen für die Anzucht von Halb- und Hochstämmen.

Mit dem Obstbau auf niederen und kleinen Baumformen wurden nur noch vegetativ durch Abrisse vermehrbare, sogenannte Typen-Unterlagen, verwandt die heutigen Hauptunterlagen im modernen Obstbau fast aller Länder.

Der Ursprung der alten Sorten ist nicht bekannt und die Rückführung auf botanische Arten nicht möglich. Sie dürften aus Sämlingsgemischen stammen, von denen einige Bäume durch leichte Wurzelbildung auffielen. Etliche dieser Formen dienten seit Jahrhunderten als Unterlagen. Sehr schwachwüchsige wurden als „Paradiesäpfel" bezeichnet und schon im 17. Jahrhundert in Frankreich als Apfelunterlagen für den Formobstbau verwendet. Andere stärker wachsende wurden „Doucin" genannt, ohne eine einheitliche Verwendung dieses Namens im europäischen Obstbau.

Unter Typen versteht man die Nachkommenschaft von mehreren, im Erscheinungsbild (Phänotyp) sich gleichenden Mutterpflanzen. Klone sind die erbgleichen (genotypischen) vegetativen Nachkommenschaften einer einzigen bestimmten Mutterpflanze.

Mit Beginn des 20. Jahrhunderts wurde damit begonnen, systematische Arbeiten zur Sichtung der im Handel befindlichen Unterlagen zu betreiben. Die Berliner Baumschule Späth pflanzte 1910 Sichtungssortimente auf. Diese Arbeiten führten 1911 Schindler in Proskau und Pillnitz, 1912 Sprenger in Wageningen (Holland) und 1912 vor allem Wellington und Nachfolger Hatton im Institut in East Malling (Kent, England) weiter, wobei fast ausschließlich die Apfelunterlagen bearbeitet wurden.

Auf dem Wege der Züchtung konnten bei Birnen, Kirschen und Zwetschen vegetativ vermehrbare Unterlagen unterschiedlichster Wuchsstärke in den Handel gebracht werden. Bei der Behandlung der Unterlagen für die einzelnen Obstarten wird näher darauf eingegangen.

Die Auswahl der Unterlagen erfolgt in der Praxis nach ihren Eigenschaften und die Einflußnahme auf die Edelsorte.

Wachstumsbeeinflussung und damit die Baumhöhe sind von entscheidender Bedeutung. Die obstbauliche Praxis benötigt Unterlagen, die einen frühen Ertragsbeginn (zweites bis fünftes Standjahr) garantieren. Es sollen sortentypische große Früchte erzeugt werden. Im Erwerbs- wie im Hobby-Obstbau spielt die Fruchtqualität eine bedeutende Rolle, Früchte sollen gut gefärbt und ausgereift sein. Die Standfestigkeit, im Zusammenhang mit Ertragsleistungen, hat unter anderem hohe betriebswirtschaftliche Bedeutung bei den Anlagekosten. Die Beurteilung einer Unterlage nach der Standortanpassung an leichte, schwere oder kalkreiche Böden ist häufig entscheidend für den Anbauerfolg. Große bis sehr große Bedeutung muß man der Frosthärte einer Unterlage zumessen, ein sibirischer Winter kann ganze Anbaugebiete schädigen. Grundsätzlich hat der Obstbauer die Möglichkeit, bei richtiger Auswahl von Unterlagen Lebens- und Ertragsverlauf, Gesundheit und Widerstandsfähigkeit seiner Bäume in weiten Grenzen zu modifizieren und dabei betriebswirtschaftlich erstrebenswerte Anbauformen zu erzielen.

Unterlagen für den Apfel

Wie an anderer Stelle bereits vermerkt, unterscheidet man zwischen Sämlings- und vegetativ vermehrten Unterlagen.

Sämlingsunterlagen

Sämlingsunterlagen für den Apfel haben stark an Bedeutung verloren. Für große Baumformen sind sie jedoch unerläßlich. Sie garantieren hohe Standfestigkeit und sind widerstandsfähig gegenüber Trockenheit und Frost. Der Sämling ist auch noch auf sogenannten „Grenzstandorten" verwendbar. Kernobstsämlingsunterlagen sind nach den Ergebnissen der Virusforschung frei von Viruskrankheiten, im Gegensatz zu den Steinobstunterlagen.

Apfelunterlagen		Einfluß auf:					Bemerkungen
Unterlage	Herkunft	Standfestigkeit	Triebwachstum	Ertragsbeginn	Ertrag je: a) Baum b) Fläche	Frucht: a) Größe b) Farbe	
M 1	Zufallssämling 1860	ziemlich hoch	vorw. stark uneinheitlich	etwas verzögert	a) hoch b) hoch	a) günstig b) gering	mit einzelnen Sorten bedingt verträglich
M 2	200 Jahre in Frankr. bekannt	ziemlich gering	mittel, uneinheitlich	früh	a) zieml. gering b) mittel	a) mittel b) vorw. gut	Anbau rückläufig, da häufig nicht günstig
M 4	zuerst in England u. Holland	ziemlich gering	mittel bis stark	früh	a) hoch b) bis sehr hoch	a) günstig b) vorw. gut	Anbau in Ausweitung, da meist günstig beurteilt
M 7	seit 1700 im Handel (England)	ziemlich gering	mittel	früh	a) mittel b) hoch bis sehr hoch	a) vereinz. günstig b) vorw. gut	auf schweren Böden günstiger als M 4 u. M 2
M 9	seit langem auf dem Kontinent bekannt	sehr gering	schwach	sehr früh	a) gering b) sehr hoch, nachlassend	a) s. günstig b) sehr gut	auf besten Standorten bei enger Pflanzung für Intensivanbau
M 26	M 16 × M 11 East Malling	ziemlich günstig	zwischen M 9 u. M 7	sehr früh	a) hoch b) sehr hoch	a) s. günstig b) wie M 9	für kleine Baumformen und enge Abstände
M 27	M 13 × M 9 East Malling	sehr gering	sehr schwach	sehr früh	a) mittel b) hoch	a) s. günstig b) sehr gut	für Intensivstpflanzungen u. Ballerina-Bäume
M 11	von Hatton selektiert	hoch	stark bis sehr stark	verzögert	a) hoch b) hoch	a) vorwieg. günstig b) mittel	für Viertelstamm häufig bewährt
M 16	als U 3 von späth an Hatt.	mittel	stark bis sehr stark	verzögert	a) hoch b) mittel	a) günstig b) mittel	da Frosthärte durch M 16 vermindert rückläufig
M 25	'Northern Spy' × M 2 E. Malling	zwischen M 2 u. M 16	stärker als M 16	rel. zum Wuchs früh	a) mittel b) höher als M 16	a) mittel b) mittel	als Unterlage für den Mostobstbau geeignet
MM-104	M 2 × 'Northern Spy', E. Malling	besser als M 4	stärker als M 4	früh	a) hoch b) ähnlich M 4	a) gut b) vorw. gut	nicht für nasse Böden geeignet
MM-106	'Northern Spy' × M 1 E. M.	mittel	zwischen M 7 und M 9	früh	a) mittel b) ähnl. M 4	a) gut b) vorw. gut	auch für sandreiche Böden geeignet
MM-109	M 2 × 'Northern Spy' Merton Ma	zwischen M 2 u.M 16	stärker als M 2	mittel – früh	a) höher als M 2 b) höher als M 2	a) mittel b) gut	nicht für nasse, aber für trockene Böden
MM-111	('Northern Spy' × Merton 793) × ('Northern Spy' × M 2)	gering	stärker als M 2	früh, ähnlich M 4	a) hoch b) sehr hoch, nachlassend	a) gut b) sehr gut	für sandreiche Böden

Darst. 1 Die wichtigsten Apfelunterlagen und ihr Einfluß auf die Edelsorte

Es gibt eine größere Anzahl von Sämlingsunterlagen, die in Baumschulen und Obstanlagen sehr unterschiedliche Eigenschaften entwickelt haben. Es hat sich gezeigt, daß Sämlinge von triploiden Sorten infolge ihrer geringen Triebkraft, eigenen Triebstärke und ihres Einflusses auf die Edelsorte ausgeschaltet werden müssen.

In der Bundesrepublik Deutschland verwendet man hauptsächlich zwei Sorten: 'Bittenfelder Sämling', der aus Süddeutschland stammt, und 'Grahams Jubiläum', der aus dem norddeutschen Raum kommt. Muttersortenreines Saatgut ergibt in der Baumschule ein einheitliches Material und wird in sogenannten Samenspenderanlagen gewonnen. Aufveredelte Sorten wachsen sehr stark und der Ertrag setzt je nach Sorte sehr spät ein. Die Fruchtgröße läßt zu wünschen übrig, während die Lagerfähigkeit gegenüber Früchten von Bäumen auf Typenunterlagen besser ist.

Vegetativ vermehrte Unterlagen (Typen- bzw. Klonunterlagen)

Wie bereits auf Seite 28 erwähnt, beziehen wir uns auf Hatton. Hatton las zunächst 16 Typen aus, die er als EM (East Malling) I – XVI bezeichnete und unter diesen Nummern verbreitete. 1949 wurde anstelle EM die Abkürzung des Gattungsnamen *Malus* = M eingeführt und mit der ursprünglichen Reihennummer von East Malling verbunden, also MI, MII usw. Ende der sechziger Jahre ersetze man die römischen Ziffern durch arabische, so daß exakt zu schreiben ist M9, M4, M11 usw. Aus Schweden stammt der Klon A 2. Neue englische Apfelunterlagen sind die MM (Malling Merton) Klone, die von dem Institut East Malling und in Merton vom John Innes Institut aus Kreuzungen verschiedener Malus-Typen mit der Apfelsorte 'Northern Spy' und 'Ben Davis' als blutlausfeste Unterlagen ausgelesen wurden. (Darst. 1)

Von den in East Malling ausgelesenen Typenunterlagen haben in Deutschland keine Anbaubedeutung erlangt: M3, M5,M6, M8, M10, M12, M13, M14 und M15. Verwendet wurde zeitweise M 5, jedoch ebenso aufgegeben wegen späten Ertragsbeginnes und nicht ausreichender Fruchtausfärbung der Edelsorte wie, von Ausnahmen abgesehen, M 16, da sich auf ihr die Edelsorten stark frostanfällig zeigten. Auch M 1 zeigte eine gewisse Frostanfälligkeit, obwohl sie mit einigen Sorten höchste Erträge brachte.

Im europäischen Apfelanbau werden jetzt folgende Unterlagen verwendet. Sie sind in dieser Abhandlung nach ihrer Wuchsstärke geordnet und beschrieben.

Schwachwachsende Typen-Unterlagen

M 9 – 'Gelber Metzer Paradies'
Neben M 27 die schwachwüchsigste Unterlage. Sie fällt im Mutterbeet durch einen „sparrigen" Wuchs auf. Die Abrißleistung ist mäßig und liegt zwischen fünf bis neun Abrissen. Davon müssen etwa 50 Prozent wegen zu schwacher Bewurzelung nochmals aufgeschult werden. M 9 bringt frühe und hohe Erträge mit gut ausgebildeten und je nach Sorte ausgefärbten Früchten. Die Unterlage verlangt gute Böden und verträgt keine Konkurrenz (Rasen). Die Wurzeln sind typisch gelbbraun, brüchig und flach verlaufend. M 9 verlangt auf Dauer einen Pfahl oder Draht. Die Anfälligkeit gegenüber Kragenfäule ist eher gering, gegen Feuerbrand und Blutlaus sehr hoch. Wurzeln werden von Wühlmäusen, Rinde von Kaninchen, Hasen und Feldmäusen bevorzugt gefressen. M 9 stellt die Unterlage für kleine Baumformen mit starken bis mittelstarken Sorten dar. Im Erwerbsobstbau ist sie die ideale Unterlage für Dichtpflanzungen (z. B. Schlanke Spindel).

Im Laufe der letzten Jahre hat es einige Selektionen gegeben, z. B. die Selektion 'Burgmer'. Sie weisen einen kräftigeren Wuchs und eine bessere Bewurzelung auf. Die Nummer 751 ist für den Obstbau besonders geeignet, für Trockengebiet der Typ 719 und im Nachbau der Typ 984.

Die Obstbauversuchsanstalt Jork (Altes Land) hat im Jahr 1981 den Typ J 9 der Praxis übergeben. In seinen Eigenschaften ähnelt er M 9. Die Bewurzelung und Standfestigkeit sind günstiger als bei M9 zu beurteilen, er benötigt aber auch einen Pfahl. Die Abrißleistung ist höher als bei M9; sie liegt etwa bei der von MM106. Er zeigt gute Nachbaueignung, Frosthärte, gute Fruchtfärbung und gute Eignung für feuchte Böden.

Aus der Budakowski-Reihe (M8 × 'Red Standard') ist die russische Unterlage BUD 9 zu nennen, die in vielen Merkmalen M9 ähnelt oder gar entspricht. Hervorzuheben sind ihre Frosthärte, gute Wurzelentwicklung und nur geringe Standortansprüche.

M26

M26 ist eine East Malling-Züchtung von Tydeman und entstammt einer Kreuzung von M16 × M9. Der Wuchs ist stärker als bei M9, aber geringer als bei MM106, etwa zwischen M7 und M9 bei geringer Standfestigkeit. Notwendig sind gute mit Nährstoff versorgte Böden. Sie zeichnet sich durch früh einsetzenden Ertrag aus, bei guter Fruchtgröße und -ausfärbung.

In der Baumschule liegt die Abrißleistung bei 10 bis 12 Abrissen pro Mutterpflanze. Weniger als die Hälfte der Abrisse müssen wegen nicht ausreichender Bewurzelung ein weiteres Jahr aufgeschult werden. Die Unterlage treibt im Frühjahr spät aus und hat einen späten Blattfall. M26 sollte spät veredelt werden, denn das Dickenwachstum hält bis zum Ende der Veredelungszeit (Okulation) an. Dadurch können Veredelungsverbände einschneiden oder Augen abgestoßen werden.

Die Anfälligkeit für Feuerbrand und Blutläuse ist gegeben, weniger gegen Kragenfäule.

M27

M27 entstammt einer Kreuzung von M13 × M9, ebenfalls von Tydeman, East Malling. Die Sämlinge dieser Kreuzung wurden vegetativ vermehrt und ausgelesen. Sie ist die jüngste Unterlage der M-Reihe. Sie ist zur Zeit die schwächste Unterlage für Äpfel in Europa. Sie benötigt besten Boden, der Ertragsbeginn ist sehr früh, sie bringt große Früchte mit sehr guter Ausfärbung. Man muß sie aber zukunftsträchtig für Dichtpflanzungen bezeichnen oder auch für Gefäßpflanzungen im Hobby-Obstbau (Ballerina-Bäume). Die Abrißleistung und die Bewurzelung sind gering. Es wird berichtet, daß das vegetative Wachstum zwischen 25-50 Prozent geringer ist als bei M 9.

Mittelstarkwachsende Unterlagen

M 2 ('Echter Doucin', 'Englischer Paradies')
M 2 als Unterlage ist in Frankreich und England seit etwa 200 Jahren bekannt. In England wird sie häufig für mittelstarkwachsende Bäume verwendet. Die Standfestigkeit ist gering, sie hat nur wenig starke Wurzeln und benötigt einen Pfahl. Das Triebwachstum ist zwar vorwiegend stark, aber zum Teil sehr uneinheitlich. Der Ertragsbeginn ist verzögert, die Erträge sind hoch, die Fruchtqualität ist nicht ausreichend. Mit einzelnen Sorten liegt Unverträglichkeit vor. Sie reagiert auf Mangelerscheinungen, besonders Kalimangel, ist anfällig für Wurzelfrost, Kragenfäule und Blutlaus. Je nach Lage ist der Triebabschluß früh bis mittelfrüh.

In der Baumschule bringt sie sechs bis zehn Abrisse, von denen die Hälfte noch ein Jahr aufgeschult werden muß.

M 4 ('Holsteiner Doucin', 'Gelber Doucin')
Diese Unterlage ist entweder in Holstein, Holland oder England entstanden. Die Bewurzelung ist gut, mittelstark und flach verlaufend, im Mutterbeet schwachwüchsig, in Verbindung mit der Edelsorte fast starkwüchsig, im Vollertrag wieder schwächer wachsend. In der Jugend stärker wachsend als M 2 und M 7, später auch geringer als M 2. M 4 bewirkt frühen, regelmäßigen und hohen Ertrag ab dem dritten Standjahr, bei bestimmten Sorten und nach sehr hohen Erträgen auch Alternanz fördend. M 4 bringt eine gute Fruchtausbildung. Die Unterlage ist geeignet für gute, mittlere und auch leichtere Böden. M 4 ist sehr anpassungsfähig an fast alle Böden, feuchtere bevorzugend. Sie ist anfangs nicht standfest und benötigt einen Pfahl, besonders in Windlagen. Bei Sturm und ungenügender Anbindung tritt mitunter ein Bruch an der Veredlungsstelle auf. M 4 ist wider-

standsfähig gegen Kragenfäule, aber empfindlich gegen Staunässe und Trockenheit. Mutterpflanzen bringen bis zu zwölf Abrisse pro Pflanze. Die Hälfte der Abrisse müssen, weil sie zu schwach sind, noch ein Jahr aufgeschult werden. M 4 ist eine häufig verwendete Unterlage für schwach- bis mittelschwachwachsende Edelsorten und kleine Baumformen.

M 7
M 7 ist ein unbekannter namenloser Typ englischer Herkunft, der in East Malling ausgelesen wurde. Die Unterlage hat viele starke, gelbbraune Wurzeln. Die Wuchsstärke ist schwächer als bei M 2, ähnlich etwa M 4. Es gibt positive Urteile über frühe und hohe Erträge mit guten Fruchtqualitäten auf Ton- und Marschböden. Da M 7 nicht standfester ist als beispielsweise M 4, wird als Stütze ein Pfahl oder Gerüst benötigt. Verträgt im Gegensatz zu anderen Unterlagen Nässe und Trockenheit im Boden. Sie ist widerstandsfähig gegen Kragenfäule, aber anfällig für Wurzelkropf. M 7 schließt mit dem Trieb früh ab. Die Abrißleistung in der Baumschule liegt mit vier bis sechs Abrissen verhältnismäßig niedrig, die dafür aber gut bewurzelt sind.

MM 104
Es handelt sich um eine Merton-Malling-Unterlage, die aus Kreuzung von M 2 × 'Northern Spy' hervorgegangen ist. MM 104 besitzt eine gute Bewurzelung. Die Wuchsleistung der Edelsorte ist vergleichbar mit M 7, stärker als bei M 4. Die Unterlage eignet sich auch für leichtere Böden. Beobachtet wurden stärkere Ausfälle, vielleicht als Folge von Kragenfäule. MM 104 reagiert negativ auf Trockenheit und Staunässe im Boden. Die Abrißleistung ist mit etwa 15 Abrissen je Mutterpflanze recht gut. Ein Drittel der Abrisse muß nochmals verschult werden. Das Wachstum in der Baumschule ist kräftig, Unverträglichkeiten mit Edelsorten sind nicht bekannt.

MM 106
Wie bei MM 104 ist dieser Typ eine Merton-Malling-Kreuzung aus 'Northern Spy' × M 1, eine Unterlage mit großer

ökologischer Anbaubreite und Anpassungsfähigkeit. Mit Edelsorten zeigt sich ein mittelstarker Wuchs, geringer als bei M 7, M 2 und M 4. Sie stellt die schwächste Unterlage der MM-Reihe dar. MM 106 ist für mittlere, auch leichtere, trockene und feuchte Böden geeignet. Die Standfestigkeit ist gut bei einer mittleren Frosthärte. Der Ertragsbeginn liegt im dritten Standjahr mit regelmäßigen Ernten und guten Fruchtqualitäten. Auf leichten Böden ist die Unterstützung durch einen Pfahl empfehlenswert. Die Unterlage ist widerstandsfähig gegen Kragenfäule und Blutlaus. MM 106 zeigt verzögerten Triebabschluß. Das Verhalten in der Baumschule ist wie bei MM 104 zu beschreiben.

MM 111
Wiederum eine Merton-Malling-Unterlage, die entstanden ist aus Kreuzungen ('Northern Spy' × 'Merton 793') × ('Northern Spy' × M 2). Es ist eine mittelstark wachsende Unterlage mit guter Standfestigkeit und Frosthärte. Der Ertrag setzt früh ein, die Ertragshöhe liegt wie M 4 bei guter bis sehr guter Fruchtqualität. Sie zeigt sich wenig empfindlich gegen zeitweilige Trockenheit und ist widerstandsfähig gegen Kragenfäule. Sie wird als Ersatz für M 2 angesehen. Die Abrißleistung in der Baumschule ist als mittel zu bezeichnen, aber mit guter Bewurzelung.

Starkwachsende Apfelunterlagen

M 11 ('Grüner Doucin', 'Prachtscher Doucin')
Diese Unterlage stammt aus England, wurde von Hatton selektiert und von Holstein aus in Deutschland verbreitet. Die Wurzeln sind ockergelb, die Bewurzelung ist gut und kräftig. Der starke Wuchs überträgt sich auf die Edelsorten. Auf leichten bis mittleren Böden für mittlere oder stärker wachsende Massenträgersorten einzusetzen, auf guten Böden für schwachwachsende, reich tragende Sorten. Der Ertragsbeginn liegt sehr spät, etwa im sechsten Standjahr. Die Erträge können im Vollertrag sehr hoch sein, alternierende Sorten behalten ihre Alternanz. Die Fruchtgröße und

Fruchtqualität ist lokal sehr unterschiedlich. Die Haltbarkeit im Obstlager wird günstig beeinflußt. M 11 ist breit anbaufähig, ökologisch anpassungsfähig und sehr standfest ohne Unterstützung. Die Lebensdauer beträgt mindestens 35 Jahre. Sie ist die frosthärteste East Malling-Unterlage, die Trockenheit und geringe Böden verträgt. Sie ist am Standort anfällig für Kragenfäule, in der Baumschule für Wurzelkropf. Sehr hoch ist die Abrißleistung mit durchschnittlich 18–20 Stück bei guter Bewurzelung und starkem Wuchs. M 11 ist die Unterlage für große Baumformen.

M 25
Eine Unterlage aus East Malling aus einer Kreuzung von 'Northern Spy' × M 2. Die Wuchsleistung ist hoch, ähnlich M 11, der Ertragsbeginn aber früher und gleichmäßiger. Sie wächst etwa 30 Prozent schwächer als Sämlinge. M 25 ist widerstandsfähig gegen Kragenfäule, aber anfällig für Blutlausbefall. Sie gilt aufgrund des frühen Ertragsbeginns als besonders geeignete Unterlage für den Mostobstanbau.

MM 109
Die Unterlage zeigt eine gute Bewurzelung, deutlich besser als M 2, aber nicht so stark wie M 11. Die Wuchsleistung liegt zwischen MM 111 und M 11, mit einer Stammstärke ähnlich M 16. Die Erträge liegen so hoch wie bei M 2, höher als bei M 16. Die Unterlage ist trotz guter Bewurzelung nicht völlig standfest. MM 109 ist widerstandsfähig gegen Kragenfäule, aber empfindlich gegen Staunässe. Die Frosthärte ist mittelmäßig. Es liegt eine gute Verträglichkeit mit den Edelsorten vor, die Erträge setzen früh ein und sind mittelhoch. Die Unterlage zeigt in der Baumschule eine hohe Abrißleistung.

A 2
Diese Unterlage wurde in Alnarp (Schweden) aus französischen Apfelsämlingen auf vegetative Vermehrbarkeit ausgelesen und kam 1944 in den Handel. Die Bewurzelung ist kräftig und bewirkt starken bis sehr starken Wuchs der Edelsorte. Der Ertragsbginn ist als früh bis mittelfrüh einzustufen. A 2 bringt

Birnenunterlagen			Einfluß auf:				Bemerkungen
Unterlage	Herkunft	Standfestigkeit	Triebwachstum	Ertragsbeginn	Ertrag je: a) Baum b) Fläche	Frucht: a) Größe b) Farbe	
Sämling	Deutschland Kirchensaller	sehr hoch	stark	verzögert	a) hoch b) hoch	a) mäßig b) gering	für rauche Lagen, Extensivanbau
Quitte EMA	Frankreich England	mäßig	mittel bis schwach	relativ früh	a) mittel b) hoch	a) günstig b) günstig	nicht frosthart und mit allen Sorten
Quitte EMC	East-Malling England	mäßig	schwach	früh	a) eher hoch b) hoch	a) günstig b) günstig	für bestimmte Standorte
Quitte BA 29	Fankreich	mittel	mittel	relativ früh	a(hoch b) hoch	a) günstig b) grünstig	geringere Neigung zu Chloroseerscheinungen
Pyrus OHF	Amerika	schwach bis hoch	schwach bis mittel	früh bis verzögert	a) mittel b) hoch	a) mittel b) hoch	gute Frosthärte, sehr sortenverträglich
Quitte Adams	England aus Quitte EMA	schwach	eher schwach	früh	a) mittel b) mittel	a) günstig b) günstig	schwächerer Typ von Quitte EMA
Pyrodwarf	England Amerika	eher schwach	schwach	früh	a) mittel b) hoch	a) günstig b) günstig	für sandreiche Böden Chlorosefestigkeit

Darst. 2 Die wichtigsten Birnenunterlagen und ihr Einfluß auf die Edelsorte

hohe bis sehr hohe ausgeglichene Erträge ohne Alternanzneigung mit guter Fruchtausbildung in Größe, Färbung und Geschmack. Diese Unterlage ist für fast alle Böden zu verwenden mit großer ökologischer Anbaubreite. Sie ist ohne Pfahl standfest und bildet große Kronen aus. A 2 ist widerstandsfähig gegen Trockenheit und Holzfrost. In der Baumschule bringt sie pro Mutterpflanze 8–19 Abrisse mit guter Bewurzelung.

Unterlagen für Birnen

Sämlingsunterlagen

Die Situation bei Birnenunterlagen ist gegenüber dem Apfel sehr viel einfacher. Man hat nur die Wahl zwischen dem Birnensämling und vegetativ vermehrten Quittenunterlagen. Der Birnensämling als Unterlage spielt, anders als beim Apfel, im Birnenanbau bei Nieder-, Halb- und Hochstämmen noch eine bedeutende Rolle. Die Quitte kann aufgrund des hohen Wärmeanpruches und ihrer Frostempfindlichkeit nicht überall eingesetzt werden.

Praktisch ohne Ausnahme findet in Deutschland die aus Süddeutschland stammende 'Kirchensaller Mastbirne' Verwendung. Auf diese Unterlage veredelte Sorten zeigen ein starkes Wachstum, ohne daß Unverträglichkeiten bekannt geworden sind. In der Regel setzt der Ertrag der Sorten auf Sämlingsunterlagen spät ein. Es besteht eine gewisse Wahrscheinlichkeit, daß Birnen auf Sämlingsunterlagen von einer Mykoplasmose befallen werden, was zu großen Ausfällen führen kann.

Die Versuche, andere Sämlingsunterlagen wie *Pyrus calleryana*, *Pyrus pyrifolia* und *Pyrus ussuriensis* einzusetzen, scheiterten an der teilweisen Unverträglichkeit und am zu starken Wuchs.

Vegetativ vermehrte Unterlagen

Es gibt bis heute keine schwachwachsende und vegetativ vermehrte Birnenunterlage von *Pyrus communis*. Ebenso wenig überzeugten vegetativ vermehrte Klone von *Pyrus betulifolia*. Neben Unverträglichkeiten, nicht ausreichende Standfestigkeit traten besondere Schwierigkeiten bei der Vermehrung auf. Zunächst hatte man nur als einzige schwachwachsende die Quitte *Cydonia oblonga*.

Quitte EMA
Überaus weit verbreitet als vegetativ vermehrte Unterlage ist die 'Quitte aus Angers', die in der Nomenklatur als Quitte EMA bezeichnet wird. Sie hat eine recht gute Abrißleistung, da sich bis zu 20 gut bewurzelte Abrisse pro Mutterpflanze gewinnen lassen. Quitte A kann auch gut als Steckholz vermehrt werden. Sie wächst in der Baumschule stark, in Ertragsanlagen läßt das Wachstum jedoch nach. Verschiedene Faktoren werden durch Quitte A günstig beeinflußt wie Ertragsbeginn und -höhe sowie Fruchtqualität (Größe und Ausfärbung).

Quitte EMC
Nachfolgende Quittentypen sind bisher wenig verbreitet und wurden für bestimmte Standorte eingesetzt. Die Quitte EMC hat einen nur 40 % schwächeren Wuchs gegenüber Quitte EMA, die sie auch mit 30–50 5 % höheren Erträgen übersteigt. Die Frosthärte von der Quitte EMC ist allerdings etwas geringer.

Quitte BA 29
Eine aus Frankreich stammende 'Provence Quitte' ist in Ertrag und Wuchsleistung der Quitte EMA ähnlich. Ihre Frosthärte ist etwas besser und ihre Neigung zu Chloroseerscheinungen ist sichtbar geringer. Selektionen aus der 'Provence Quitte' haben die Unterlage BA 29 hervorgebracht.

Pyrus OHF
Neuere Unterlagen erbrachten die Kreuzungen der beiden Birnen Stammbidner 'Old Home' × 'Farmingdale', die als *Pyrus* OHF bezeichnet werden. Diese Unterlagen sind gegen Birnenverfall und Feuerbrand resistent. Sortenverträglichkeit und Frosthärte werden als gut bezeichnet. Von den OHF-Klonen sind die Nummern 40, 69, 87, 233, 333 schwach-

wüchsig, wobei die Nummer OHF 333 in Deutschland vorwiegend meristemvermehrt angeboten wird. Der OHF-Klon 200 ist bei gleichen Eigenschaften wie vorstehende mittelschwach.

Pyrodwarf
Neu ist eine Unterlage, die einer Kreuzung von 'Old Home' × 'Gute Luise' entstammt und schwachwüchsig ist. Sie zeichnet sich durch frühen Ertragsbeginn, Frosthärte, Stand- und Chlorosefestigkeit aus. Ihr wird eine gute Zukunft vorausgesagt.

Es soll nochmals auf die Quitte eingegangen werden, die hohe Anforderungen an den Boden stellt. Böden für den Birnenanbau sollten warm und gut durchlüftet sein. Auf kalkreichen und nassen Böden neigen Birnen zu Chlorosen und aufgrund ihrer Frostempfindlichkeit sollten sie in kalten Lagen nicht eingesetzt werden.

Probleme bereiten Quittenunterlagen durch ihre unterschiedliche Unverträglichkeit mit einer Reihe von Edelsorten. In diesen Fällen ist deshalb eine Zwischenveredlung angebracht. Unverträglichkeit zeigt sich als Kummerwuchs und Ausbrechen der Veredlungen.

So erhalten Stammbildner doppelte Bedeutung: Unverträglichkeit mit Quitte-Unterlagen werden ausgeschaltet und krummwüchsige Sorten erhalten einen glatten Stamm. Eine Anzahl von Sorten müssen grundsätzlich unter Verwendung eines Stammbildners herangezogen werden. Als Stammbildner wird am häufigsten 'Gellerts Butterbirne' verwendet, die gleichzeitig als Zwischenveredelung für quittenunverträgliche Sorten fungiert. 'Gellerts Butterbirne' bringt nur mittlere Erträge, die Frosthärte wird nicht einheitlich beurteilt. 'Augustbirne', von der Baumschule Späth in Berlin propagiert, besticht durch ein kräftiges Längenwachstum, mittleres Dickenwachstum, gute Frosthärte und günstiges Ertragsverhalten. Weitere Birnenstammbildner wie 'Schradershof' haben unter Umständen bei Würdigung bestimmter Eigenschaften in der Zukunft Aussichten auf weitere Beachtung.

Unterlagen für Kirschen

Sämlingsunterlagen

Kirschen werden heute noch überwiegend auf Vogelkirsche *(Prunus Avium)* veredelt. In Gegensatz zu Kernobstunterlagen treten auch bei generativ vermehrten Steinobstunterlagen Virosen auf, da Viren der Ringfleckigkeit durch Samen übertragen werden.

Am häufigsten werden Sämlingsherkünfte wie die 'Limburger Vogelkirsche' verwandt, die möglicherweise aus der hellrindigen 'Harzer Vogelkirsche' entstand. Sie besitzt eine gute Verträglichkeit und vielfach beobachtete geringe Frostanfälligkeit sowie eine geringe Harzflußneigung. Zwischenzeitlich werden auch virusfreie Vogelkirschen angeboten. Bekannt sind der Typ 'Altenweddingen' und der Typ 'Alkavo'. 'Hüftners Hochzucht 170×53', eine F1-Hybride, hat sich bestens eingeführt. Sie ist im Saatbeet sehr einheitlich, entwickelt gerade Stämme und guten Wuchs. Die Sortenverträglichkeit ist sehr gut. Die Unterlage verursacht aber sehr starkes Wachstum. Alle aufgeführten *Prunus avium*-Unterlagen sind für Süß- und Sauerkirschen geeignet.

Unter den Sämlingsunterlagen muß noch die 'Steinweichsel' *(Prunus mahaleb)* genannt werden. Wegen ihrer Uneinheitlichkeit wird sie sehr unterschiedlich beurteilt. Sie zeigt vielfach Unverträglichkeit, vor allem mit Süßkirschen, teilweise auch mit Sauerkirschsorten. Im Laufe der Jahre fällt vor allem in Süßkirschanlagen ein hoher Prozentsatz aus. Im Nachbau auf kirschmüdem Boden kann sie sich im Gegensatz zu *Prunus avium* entwickeln. Bei virusfreiem Ausgangsmaterial von Unterlagen und Edelreisern wächst sie genau so stark wie die Vogelkirsche. Virusfreie Herkünfte des Typs CT 500 und andere haben für den Sauerkirschanbau vor allem auf leichteren Böden Bedeutung. Einheitlichen Wuchs und früheren Ertragsbeginn gegenüber Veredelung auf Vogelkirsche haben Sorten, die auf kleinblättrige Sämlinge veredelt sind, z. B. 'CT 500', 'Hüttner Heimann 10' oder 'Appruna'.

Sämlinge von *Prunus cerasus*, die versuchsweise als Unterlage eingesetzt wurde, bewährten sich nicht. In der Pfalz wurden umfangreiche Versuche mit *Prunus fruticosa* (Steppenkirsche) durchgeführt. Starke Wurzelschosserbildung, Windempfindlichkeit – also mangelnde Standfestigkeit – haben diese Unterlage scheitern lassen.

Vegetativ vermehrte Unterlagen

F 12/1
Lange Zeit wurde die Frage vegetativ vermehrbarer Unterlagen bei Kirschen nicht oder nur unzureichend bearbeitet. In East Malling konnte aus *Prunus avium* (Vogelkirsche) ein Klon F 12/1 selektiert werden. Die Hauptvermehrung erfolgt durch Ableger, sie bringt sechs bis acht Ableger pro Mutterpflanze, allerdings mit unterschiedlicher Bewurzelung. Aufveredelte Sorten wachsen auf F 12/1 sehr stark, vergleichbar veredelter Sorten auf Sämling. Auf der Unterlage F 12/1 wachsen Süß-, Sauer- und Zierkirschen. Der große Vorteil dieser Unterlage ist der Aufbau virusfreier Bestände.

In den letzten Jahren wurde der obstbauliche Wert von F 12/1 angezweifelt. Aus Norddeutschland wurde nach dem Winter 1978/79 über eine mangelnde Frosthärte berichtet. Kambinenschäden und danach verstärkt einsetzender Gummifluß prägen das Erscheinungsbild. Da auch die Fruchtgrößen der Edelsorten als nicht ausreichend beurteilt werden, dürfte F 12/1 als Unterlagen an Bedeutung verlieren, zumal neuere, vegetativ vermehrbare Unterlagen mit guten Eigenschaften in den Handel gelangen.

Prunus mahaleb 'St. Lucie I.N.R.A 642'
Bei dieser Unterlage handelt es sich um eine Klonauslese aus Frankreich. Sie wird mit großem Erfolg für Stecklinge verwandt. Eine universelle Sortenverträglichkeit, insbesondere bei Süßkirschen, sowie früher Ertragsbeginn macht sie interessant, zumal sie für mittelschwere Böden und auch für leichte Böden gleichermaßen gut geeignet ist.

'Colt' (geschützte Sorte)
In East Malling ist diese Unterlage aus einer Kreuzung von *Prunus avium* × *Prunus pseudocersus* hervorgegangen. Ihre Wuchsleistung ist etwa ein Drittel geringer als bei F 12/1. Ihr Vorteil liegt in der positiven Beeinflussung der Fruchtbarkeit der aufveredelten Edelsorte. Nachteilig wirkt sich in einer optimalen Kronenform die steile Aststellung mit engen Astwinkeln aus. 'Colt' zeigt gegenüber Trockenheit sichtbare Empfindlichkeit, ihr Verhalten gegenüber strengen Wintern kann noch nicht endgültig beurteilt werden. Ihre große Neigung zur Luftwurzelbildung muß mit großer Vorsicht beurteilt werden, zumal diese Eigenschaft Eingangspforte für pilzliche Erreger sein kann.

'Weiroot'
Diese aus Weihenstephan stammende *Prunus cerasus*-Hybride hat ihren Namen aus der ersten Silbe von Weihenstephan und dem englischen Rootstok-Wurzel, also 'Weiroot'. Die bisher selektierten 'Weiroot'-Klone 10, 13 und 14 bringen etwa 40 Prozent der Wuchsstärke der Vogelkirsche. Es wird empfohlen, die Unterlagen nur zu okulieren, weil sich nach Reiserveredlungen mit Süßkirschen an den Veredlungsstellen starke Wülste bilden. Neben Frosthärte und Standfestigkeit üben diese Unterlagen einen positiven Einfluß auf Frühzeitigkeit des Ertrages und die Ertragshöhe aus. Negative Erscheinungen sind die teilweise starke Wurzelschosserbildung und eine Unverträglichkeit mit bestimmten Edelsorten.

'Gisela' (Gießener Selektion Ahrensburg)
Das Institut für Obstbau der Universität Gießen hat in den 60er und teilweise 70er Jahren mehrere zehntausend Kreuzungen mit den Arten *Prunus avium, Pr. cerasus, Pr. Fruticosa, Pr. Canessens, Pr. Concinna, Pr. Incisa, Pr. Nipponica, Pr. Subhirtella* und *Pr. Pseudocersus* durchgeführt. Die meisten der entstandenen Hybriden sind vegetativ vermehrbar, vornehmlich über Meristemvermehrung. Besonders die Kombinationen *Prunus cerasus* (Schattenmorelle) × *Canessens* mit den Aussaatnummern 148/1–148/13 haben bisher hervorragende Ergebnisse gebracht, wobei die Aussaatnummer 148/2 als 'Gisela 5' bereits

Kirschenunterlagen			**Einfluß auf:**				**Bemerkungen**
Unter-lage	**Herkunft**	**Stand-festigkeit**	**Trieb-wachstum**	**Ertrags-beginn**	**Ertrag je:** **a) Baum** b) Fläche	**Frucht:** **a) Größe** b) Farbe	
Prunus avium	Deutschland Holland	hoch	sehr stark	verzögert	a) hoch b) hoch	a) gut b) günstig	Herkunft entscheidend
Prunus mahal.	Deutschland	mittel	stark	mittel	a) hoch b) hoch	a) gut b) günstig	teilweise Unverträglichkeit mit Süßkirschen
Prunus mahal.	Hüttner-Heimann 10 u. a.	mittel bis gut	mittelstark	früh	a) mittel b) hoch	a) gut b) günstig	Grad der Unverträglichkeit reduziert
F 12/3	England, *Prunus avium*	hoch	sehr stark	verzögert	a) hoch b) hoch	a) gut b) günstig	nicht ganz frosthart Kambiumschäden
Prunus mahal.	'St. Lucie I. N.R.A. 642'	ausreichend	mittelstark	früh	a) hoch b) hoch	a) gut b) günstig	deutlich verbesserte Klonauslese
'Colt'	Kreuzung aus England	hoch	zunächst stark	mittelfrüh	a) mittel b) mittel	a) gut b) günstig	enge Astwinkel, daher zu steiler Wuchs
Prunus cesus	'Weiroot' Deutschland	mittel	mittelstark bis schwach	früh	a) mittel b) hoch	a) mittel b) günstig	teilweise starke Wurzelschosserbildung
'Gisela'	Kreuzungen Deutschland	mittel bis schwach	mittelstark bis schwach	früh	a) mittel b) hoch	a) gut b) günstig	günstiges Erbmaterial gute Verträglichkeit

Darst. 4 Die wichtigsten Kirschenunterlagen und ihr Einfluß auf die Edelsorte

im Handel ist. 'Gisela 5' hat eine Wuchsstärke von etwa 40 Prozent der F 12/1. Sie bringt frühen und hohen Ertrag und neigt kaum zur Schosserbildung. Nach den bisherigen Ergebnissen sind mit den meisten Süßkirschsorten keine Unverträglichkeitenserscheinungen aufgetreten. Ähnlich gute Ergebnisse sind mit 148/10 und 148/13 erzielt worden, wobei 148/13 imponierende Erträge und gute Fruchtqualitäten brachte. (Darstellung 4 als Zusammenfassung.)

Unterlagen für Pflaume, Zwetsche, Reneklode, Mirabelle, Pfirsich und Aprikose

Die Unterlagenfrage der oben genannten Obstarten ist trotz Fortschritt auf diesem Gebiet nicht zufriedenstellend gelöst. Aufgrund von schlechten Marktpreisen fanden diese Fragen auch wissenschaftlich geringes Interesse. Wesentlich anders als beim Apfel, wo heute in der Baumschule selbst vom Kleingärtner die jeweilige Sorte auf einer ganz bestimmten Unterlage verlangt wird, ist die Bedeutung und Kenntnis der Pflaumen- und Zwetschenunterlagen, ihre positiven und negativen Eigenschaften, sowohl in der obstbaulichen Praxis als auch bei den Vermehrern noch nicht ausreichend. Ähnlich wie beim Apfel sind auch bei Pflaumen und Zwetschen die Fülle der verschiedenen Unterlagenformen, ihre ökologischen Eignungen, Einflußnahme auf Baumgröße und Ertragsbeginn, Langlebigkeit und Krankheitssensibilität außerordentlich groß. Einige Edelsorten wie die 'Hauszwetsche' in ihren verschiedenen Typen, die 'Große, grüne Reneklode' und die 'Nancy-Mirabelle' gestatten eine vegetative Vermehrung. Sie neigen aber zu mehr oder weniger starker Wurzelschosserbildung. Die Verwendung wurzelechter Hauszwetschen ist in Süddeutschland und Südeuropa allgemein üblich. Ihre hohe Scharkasensibilität verbietet in vielen Befallsgebieten den praktischen Einsatz sowohl als Unterlage als auch als wurzelechte Sorte. Die 'Nancy-Mirabelle', relativ leicht durch Steckholz vegetativ vermehrbar, scheidet wegen ihrer Frostempfindlichkeit aus.

Sämlingsunterlagen für Pflaumen und Zwetschen

Prunus cerasifera – 'Myrobalana'
Diese Unterlage ist starkwachsend und entstammt meistens einem heterogenen Saatgutgemisch. Sie ist für leichte Standorte geeignet und verhält sich trockentolerant. Bei einem relativ späten Ertragsbeginn trägt sie regelmäßig und gut, das Ertragsverhalten liegt über 'St. Julien A'. Neben Unverträglichkeitserscheinungen ist die Unterlage sehr wurzelfrostempfindlich. *Prunus cerasifera* besitzt eine geringe Neigung zur Wurzelschosserbildung, in Leistungsvergleichen schneidet sie langfristig gut ab.

Prunus insititia 'St. Julien-damascena noir'
Prunus insititia 'St. Julien-damascena Orlean'
Prunus insititia 'St. Julien-Typ wädenswil'
Es handelt sich um mittelstarkwachsende Unterlagen mit ausreichender Standfestigkeit. Aufgrund der flachen Wurzelkrone sind St. Julien-Typen trockenstreßempfindlich. Leider tritt immer wieder starke Wurzelschosserbildung auf. Die Unterlagen besitzen eine ausreichende Sortenverträglichkeit, sind aber scharkasensibel.

Prunus insititia 'St. Julien I.N.R.A. Nr. 1'
Sie ist eine mittelstarkwachsende Hybride aus einer Kreuzung 'St. Julien' × 'Common Mussel'. Eine besondere Eignung auf Böden mit hohem pH-Wert ist gegeben. In Frankreich gilt sie als beste Pfirsichunterlage. Sie bildet aber zahlreiche Wurzelschosser.

Prunus 'St. Julien I.N.R.A. Nr. 2'
Eine ebenfalls mittelstarkwachsende Hybride, hervorgegangen aus einer Kreuzung von 'St.Julien' × 'Brompton'. Sie besitzt gute Ertragseigenschaften, verlangt aber gute Böden und versagt auf leichtem, steinigem Boden. Unverträglich mit 'Stanley' und 'Auerbacher'.

Im Rahmen der Sämlingsunterlagen ist noch erwähnenswert *Prunus domestica* 'Wagenhein'. Als Unterlage für Aprikosen *Prunus armenica*, für Pfirsiche *Prunus pesica* 'Higama' und 'Rubira'.

Vegetativ vermehrte Unterlagen für Pflaumen und Zwetschen

Es wird nochmals auf 'St. Julien I.N.R.A. Nr. 2' hingewiesen, die sowohl generativ, wie geschildert, als auch vegetativ vermehrbar ist, mit gleichen Eigenschaften.

'St. Julien I.N.R.A. 655/2'
Es handelt sich um eine Selektion aus der schwachwachsenden 'St. Julien K' mit französischer Herkunft, die in Frankreich seit 1952 im Versuchsanbau geprüft wurde. Sie bewirkt einen frühen Ertragsbeginn (zweites bis drittes Jahr). Dieser schwachwachsende Typ erreicht eine maximale Höhe von zirka drei Meter. Edelsorten werden mit einem flachen Abgangswinkel ausgestattet. 655/2 verursacht eine nur 14 Tage spätere Blüte, daher auch eine entsprechende Reifeverzögerung. Sie ist mit allen Sortenmustern verträglich. Der Mehrertrag gegenüber 'St. Julien A' beträgt bis 30 Prozent. Die Unterlage verträgt feuchte und schwere Böden mit einem pH-Wert bis 8,5. Die vegetative Vermehrung durch Abriß und Steckholz ist einfach.

Prunus domestica insititia 'Pixy'
Hier handelt es sich um eine Selektion aus East Malling. Sie verursacht mittelstarken Wuchs entsprechend 'St. Julien A'. Sie zeichnet sich durch starke Bedornung und schlechte Abrißleistung aus. Das Ertragsverhalten ist noch nicht abschließend geprüft.

Prunus domestica 'Brompton'
Diese Selektion deutscher Herkunft ist stark wachsend mit Ertragsbeginn im vierten Standjahr. Sie ist frosthart, standfest und verträglich mit allen Sorten. Die Unterlage bewirkt mittleres Ertragsverhalten, ist aber für schwere, feuchte und kalte Böden geeignet. Die vegetative Vermehrung durch Abrisse und Steckholz ist gut. Sie ist als latenter Scharkawirt gefürchtet und für die Scharkaausbreitung in Deutschland verantwortlich. Sie sollte dann nur dort empfohlen werden, wo Scharkafreiheit gegeben ist. Zur Zeit ist sie noch unverzichtbar für Pfirsich auf schweren Böden.

Prunus domestica 'Ackermann'
Ebenso wie 'Brompton' deutscher Herkunft. Seit 1978 sind virusfreie Selektionen im Handel. Sie wächst schwach bis mittelstark. Neben einer starken Bedornung ist eine starke Bodentriebbildung zu verzeichnen. Die Sortenverträglichkeit und die Steckholzbewurzelung sind gut, die Frosthärte ist umstritten. Da diese Unterlage früh mit dem Trieb abschließt, ist ebenfalls eine frühe Veredlung erforderlich.

Prunus marianna 'I.N.R.A. GF 8/1'
Diese Unterlage ist vermutlich aus einer Kreuzung von *Prunus cerasfera* × *Prunus munsoniana* in Frankreich entstanden. Es handelt sich um eine stark wachsende triploide Form für schwere und staunasse Böden. Trotz Starkwüchsigkeit setzt der Vollertrag ab dem sechsten Standjahr ein. Die Steckholzvermehrung ist sehr leicht. Starkes Dickenwachstum noch in September/Oktober verursacht Schwierigkeiten bei der Okulation, so daß eine Pfropfung empfohlen wird.

'I.N.R.A. GF 2037 und 2038'
Hier handelt es sich um die schwachwüchsigsten Unterlagen bei Pflaumen, Zwetschen und Mirabellen. 2038 ist mit *Malus* 9 (M9) beim Apfel vergleichbar und ist wie diese nicht standfest. Eine Unverträglichkeit mit Rundpflaumen ist typisch.

Zu den bisher wenig verbreiteten Plaumen- und Zwetschen-Unterlagen zählt *Prunus cerasifera* 'Hamyra', eine vegetativ vermehrte Unterlage aus einer Myrobalanen-Selektion mit mittelstarkem Wuchs.

Die *Prunus*-Hybride I.N.R.A. GF 322X871/1 'Ishtara' ist eine mittelstarkwachsende Unterlage für den Intensivanbau. Ihre hohe Sortenverträglichkeit und der frühe Ertrag machen sie zu einer Unterlage mit Zukunft. Allerdings ist sie ungeeignet für kalkhaltige, nasse und schwere Böden. (Zusammenfassende Darstellung 5.)

Pflaumen und Zwetschenunterlagen			Einfluß auf:				Bemerkungen
Unterlage	Herkunft	Standfestigkeit	Triebwachstum	Ertragsbeginn	Ertrag je: a) Baum b) Fläche	Frucht: a) Größe b) Farbe	
Myro-bala-	Deutschland Holland	hoch	sehr stark	verzögert	a) hoch b) hoch	a) gut b) günstig	trockentolerant heterogenes Sortengemisch
Prunus	*insititia* 'St. Julien', mehrere Typen u. Herk.	ausreichend	mittelstark	verzögert	a) mittel b) mittel	a) gut b) gut	scharkasensibel Sortenverträglicheit gut
Prunus	'I.N.R.A. Nr. [illegible]' Frankreich	ausreichend	mittelstark	mittelfrüh	a) mittel b) hoch	a) gut b) gut	hohe Standortanpassung gut Pfirsichunterlage
Prunus	'I.N.R.A. Nr. 2' Frankreich	ausreichend	mittelstark	mittelfrüh	a) hoch b) hoch	a) gut b) gut	verlangt gute Böden gute Ertragseigenschaften
St. Julien	'I.N.R.A 655/2' Frankreich	ausreichend	schwach	früh	a) mittel b) hoch	a) gut b) gut	Einfache vegetative Vermehrung, flache Abgangswinkel der Äste
Prunus	*domestica insititia* 'Pixy' England	mittel bis hoch	mittelstark	mittelfrüh	—	—	noch nicht ausreichend geprüft
Prunus	*domestica* 'Brompton'	hoch	stark	früh	a) mittel b) mittel	a) gut b) mittel	frosthart und sortenverträglich, scharkakrank
Prunus	*domestica* 'Ackermann'	ausreichend	schwach – mittelstark	mittelfrüh	a) mittel b) mittel	a) mittel b) mittel	starke Bodentriebbildung starke Bedornung
Prunus mariana	'I.N.R.A. GF 8/1' Frankreich	hoch	stark	früh	a) hoch b) hoch	a) gut b) gut	für schwere und staunasse Böden, ertragssicher
Prunus mariana	'I.N.R.A. 2037' und 2038 Frankreich	gering	schwach	früh	a) mittel b) hoch	a) gut b) gut	schwächste Unterlage, Intensivanlagen
Prunus mariana	'I.N.R.A. 322' × 871/1 'Ishtara'	ausreichend	mittelstark	früh	a) hoch b) hoch	a) gut b) gut	hohe Sortenverträglicheit Unterlage mit Zukunft

Darst. 5 Die wichtigsten Pflaumen- und Zwetschenunterlagen und ihr Einfluß auf die Edelsorte

Schnittechnik

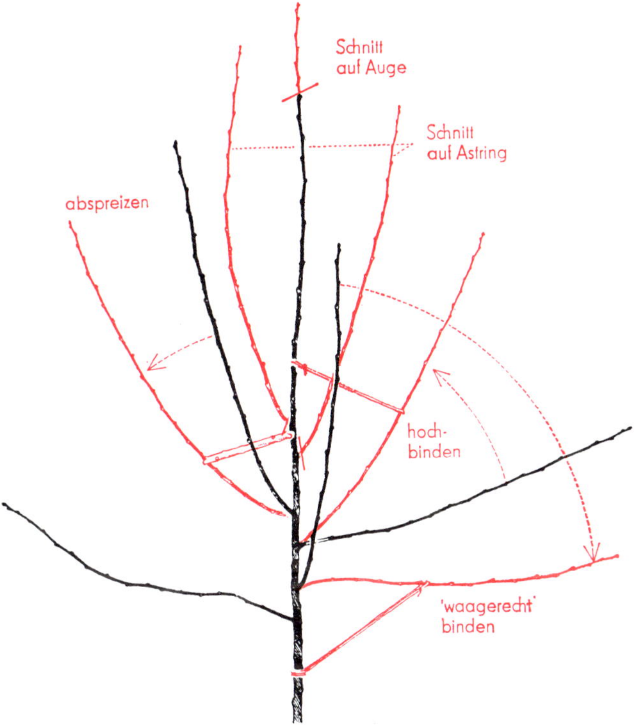

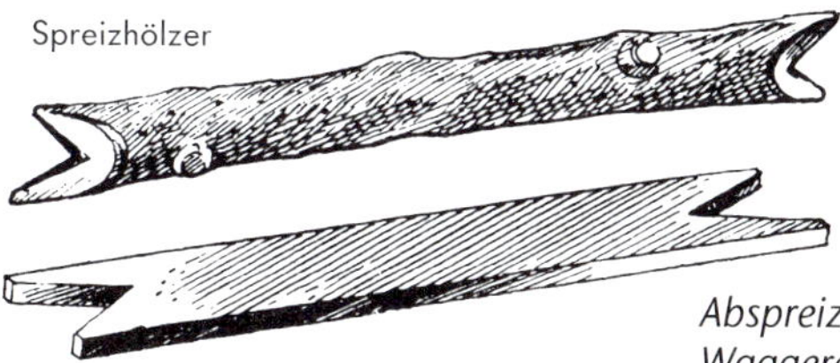

Abspreizen, Waagerechtbinden, Hochbinden.

Zur Förderung des Gleichgewichts in der Krone werden zu steil stehende Triebe abgespreizt. Zu waagerecht liegende Triebe, vor allem verhältnismäßig schwache Triebe sind aus dem gleichen Grund hochzubinden.

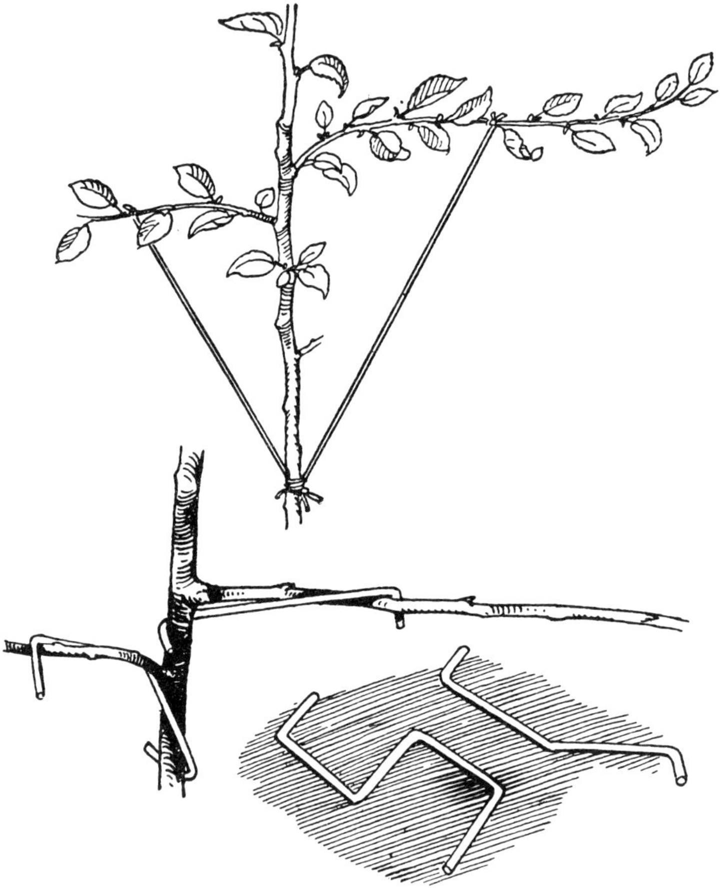

Statt des Waagerechtbindens können, vor allem an noch wenig verholzten Trieben, Klammern zum Schrägstellen verwendet werden. Die so entstandenen künstlichen Fruchtbögen treiben weniger, blühen rascher und reicher als kräftige, aufrechtstehende Triebe. Es empfiehlt sich, bei Steinobst keine Klammern zu verwenden, da Rindenverletzungen zu Gummifluß führen können. Hier kann neben dem Waagerechtbinden der Einsatz von kleinen Betongewichten sehr hilfreich sein.

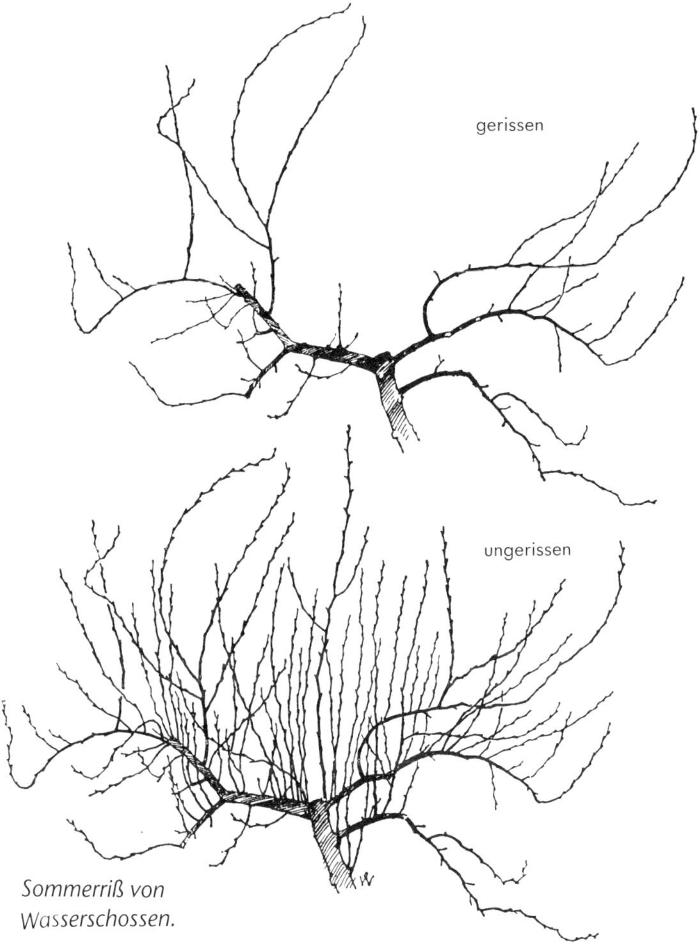

Sommerriß von Wasserschossen.

Jeder starke Eingriff durch Schnitt, aber vor allem eine Beschränkung des Ast- bzw. Kronengerüstes führt zur Ausbildung zahlreicher Wasserschosse. Diese müssen zur Triebeinschränkung bis auf wenige Triebe entfernt werden. Am schnellsten und einfachsten reißt man sie vor dem Verholzen büschelweise mit der Hand fort, wobei immer die stärksten Triebe entfernt werden sollten. Die Rißwunden verheilen rasch und leicht.

Kronenteile mit Sommerriß bekleiden sich günstig und verursachen wenig Arbeit. Nicht gerissene Kronenpartien bedürfen vieler zeitraubender Einzelschnitte, deren Wunden verzögert verheilen und zu neuem Austrieb anregen.

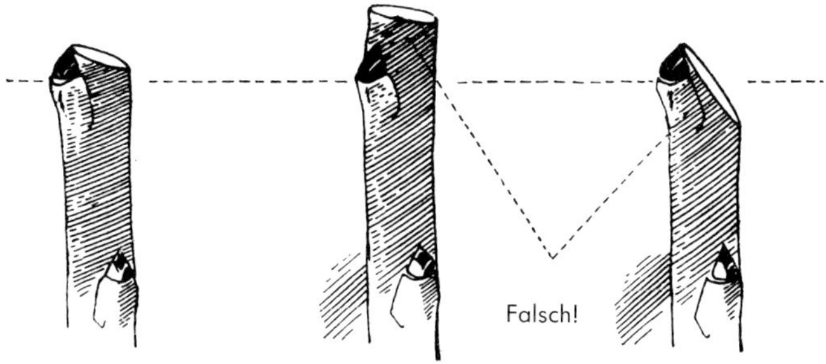

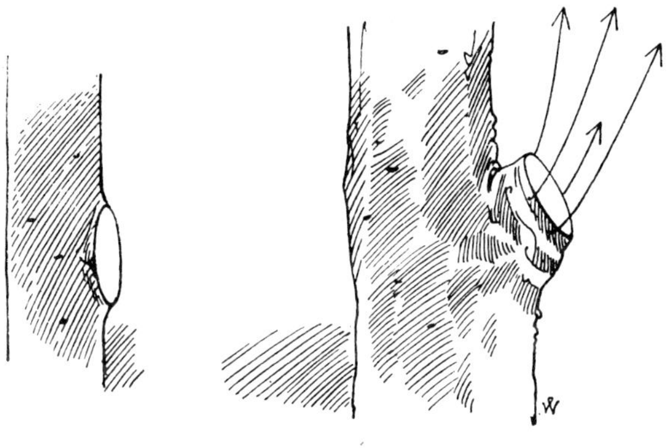

Schnittführung von Schere und Säge.

Die Schere ist so anzulegen, daß der untere Wundrand in einer Höhe mit der Knospenbasis endet. Bei zu hohem Ansetzen der Schnittwunde bildet sich ein trockener Zapfen, bei zu tiefem vertrocknet das obere Auge leicht. Die Sägewunde wird in den Astring parallel zum verbleibenden Ast gelegt (links unten), um ein Austreiben von Beiknospen zu verhindern. Ein kleiner Zapfen wird dann belassen (rechts unten), wenn basisnahe Knospen geschont werden sollen, um neue Triebe und Äste zu bilden.

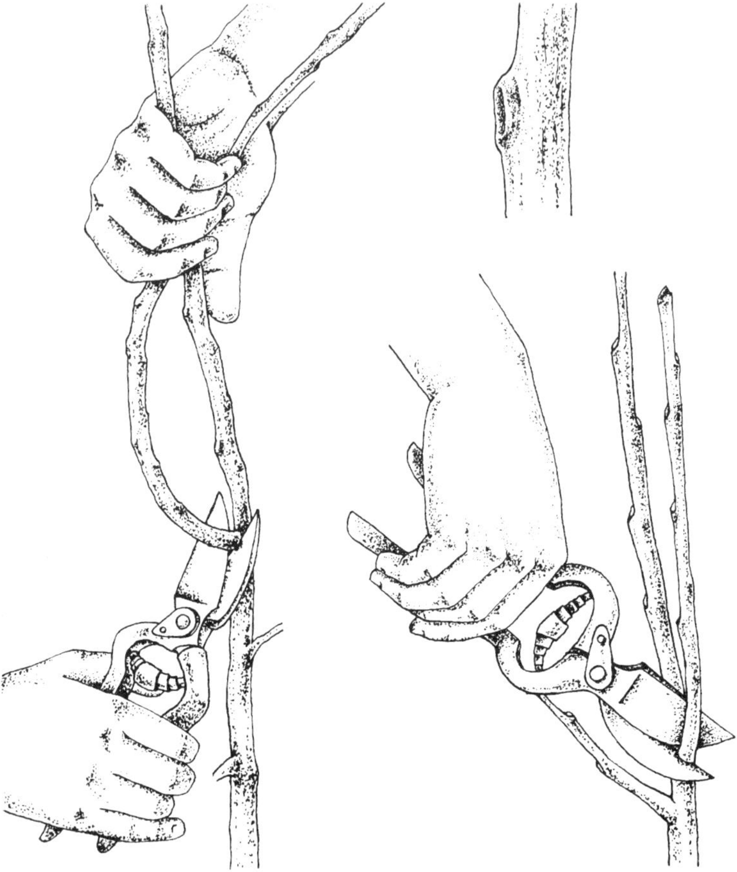

Ansetzen der Schere am Jungtrieb.

Die Schere wird von *unten* gegen den Trieb geführt. Durch gleichmäßiges leichtes Anziehen des Triebes mit der linken Hand wird die Arbeit erleichtert und verbessert. Beim Ansatz der Schere von oben nach unten (Bild rechts) ist die Arbeit erschwert, und der Trieb reißt an der Schnittwunde leicht aus.

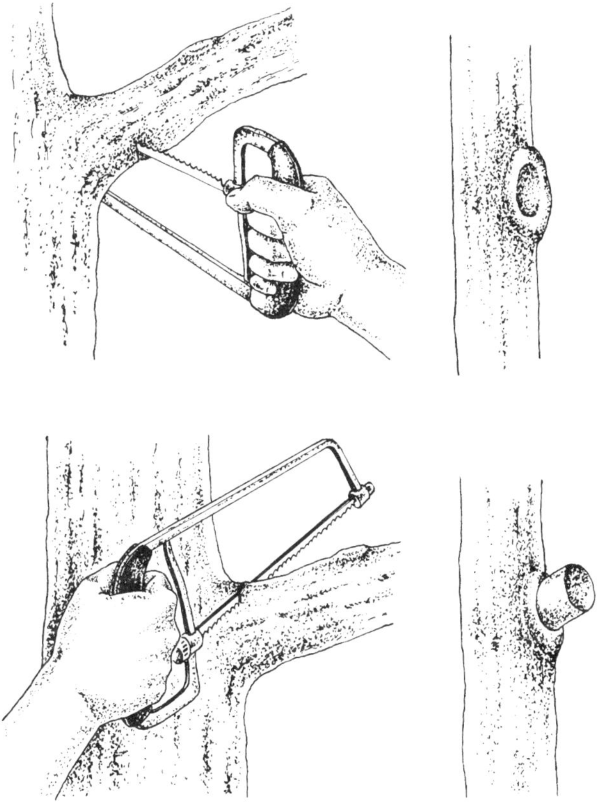

Richtiges An- und Absägen eines stärkeren, schwereren Astes.

Um ein Ausschlitzen des Astes zu vermeiden, schneidet man ihn zunächst etwa 20 cm vom Stamm entfernt von unten bis etwa zur Astmitte ein. Erst dann wird der Ast von oben angesägt. So bricht er ohne Ausschlitzen ab. Der noch verbleibende Aststumpf wird so von oben abgesägt, daß die Schnittwunde dicht am Stamm verläuft und die Überwallung der Wunde erleichtert wird.

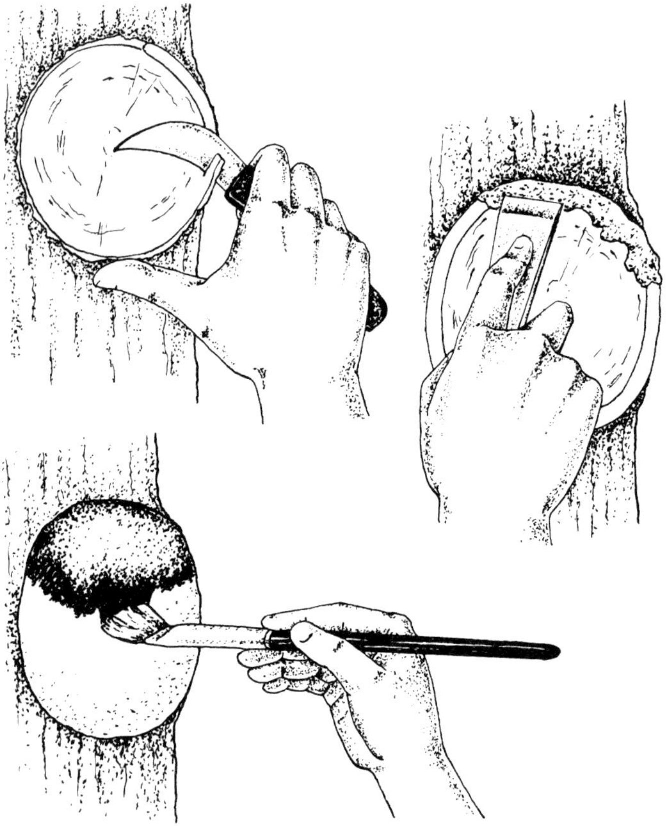

Wundbehandlung.

Um die Wundverheilung zu fördern, wird der äußere Wundrand mit einem scharfen Messer nachgeglättet und mit Baumwachs verstrichen. Das Ausfaulen des Kernholzes wird durch Auftragen moderner Wundpflegemittel erschwert bzw. verhindert.

Der Schnitt einzelner Obstsorten

Kernobst

Bei Apfel und Birne zeigen die einzelnen Sorten eine sehr unterschiedliche Triebstärke, Kronenausdehnung und eine verschiedene Art der Fruchtknospenausbildung. Dies ist, wie auf den Seiten 24 bis 26 dargestellt wurde, bei Kronenaufbau und Schnitt zu berücksichtigen und soll am Beispiel bestimmter Sorten dargestellt werden. Sorten wie 'Golden Delicious', 'Jonathan' und 'James Grieve' sowie 'Alexander Lucas' auf schwachwachsender Unterlage lassen sich – ohne systematischen Aufbau auf seitliche Triebe erster Ordnung – als schmale, kleine Spindeln mit betonter Mittelachse erziehen. Sie sind für Dichtpflanzungen geeignet und tragen vielfach schon am einjährigen Holz. Sorten wie 'Cox Orange', 'Berlepsch' und 'Conference' bilden breitere Kronen aus. Ihre einjährigen Triebe haben selten Fruchtknospen. Sie beanspruchen, auch auf schwachwachsender Unterlage veredelt, größere Pflanzabstände. Solche ausladenden Kronen lassen sich einfacher auf einige Seitenäste erster Ordnung aufbauen, die etwas steiler stehen als die Fruchtäste.

Die Seitentriebe bilden von Natur aus dann einen flachen Winkel mit der Mittelachse, wenn sie nicht eingekürzt werden. Auf diese Weise wird die Triebstärke gehemmt und damit eine baldige Blütenbildung gefördert. Dagegen schneidet man die zukünftigen Leitäste unter Berücksichtigung ihrer Triebstärke zurück. Bei schwierig tragenden, von Natur aus steilwachsenden Sorten (Vereins-Dechantsbirne, 'Gellerts Butterbirne', 'Cox Orange' auf stärkerer Unterlage) kann eine zusätzliche Hemmung des Triebwachstums und eine damit verbundene Verfrühung des Ertrages erreicht werden. In diesem Fall stellt man einige Seitentriebe an der Mittelachse und am Astgerüst waagerecht.

Ebenso wichtig wie die Ertragsbeschleunigung an Jungkronen bei einer ausreichenden Triebstärke ist in der erwachsenen Krone die Erhaltung der Ertragsfähigkeit sowie ihre ständige optimale Einpassung in den gegebenen Standraum. Die durch stärkere Schnitteingriffe besonders an den Schnittstellen der Spitzenzonen entstehenden zahlreichen Jungtriebe sollten bereits im Frühsommer durch Sommerriß von Hand teilweise beseitigt werden. Aus solchen Bäumen müssen überbauende und zu dicht stehende stärkere Äste ausgesägt werden. Die Astverlängerungen werden auf schräg stehende, schwächere Nebentriebe abgeleitet, damit die Ernte vom Boden aus erfolgen kann. Abgetragenes Fruchtholz wird entfernt oder eingekürzt, um die Ausbildung von jungem Fruchtholz anzuregen. Je nach Ertragsverhalten der einzelnen Obstarten und -sorten (Ertrag am ein- bis dreijährigen Holz) ist der Fruchtholzaustausch regelmäßig vorzunehmen.

Schnitt von Apfel

Pflanzschnitt allgemein

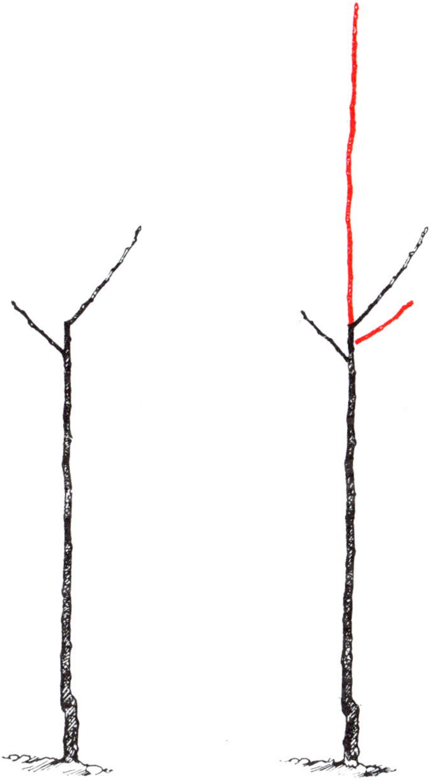

Schwach entwickelte Veredlung.

Da kaum vorzeitige Triebe vorhanden sind, auf die die Krone aufgebaut werden könnte, muß der Austrieb mittelstarker, bald blühender Verzweigungen angeregt werden. Dies erfolgt nicht durch Rückschnitt des starken Mitteltriebes, sondern durch sein Ableiten auf einen schwachen Nebentrieb. Dieser wird nicht zurückgeschnitten.

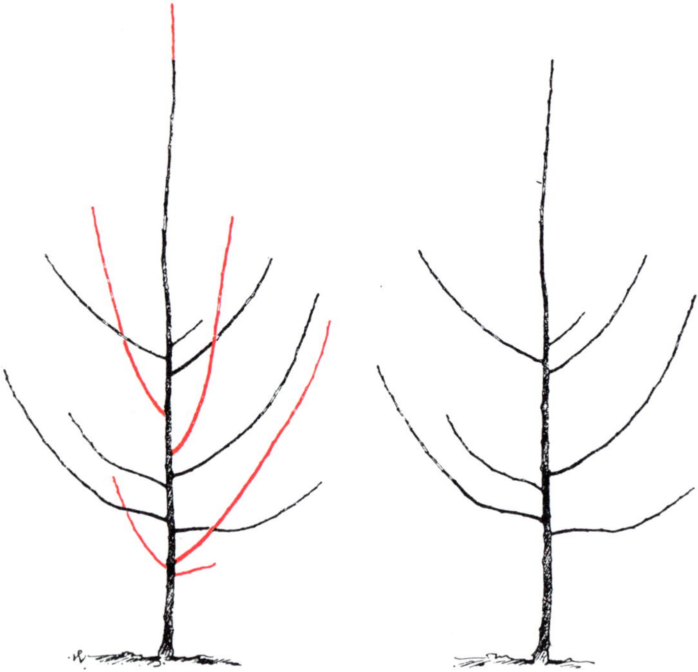

*Pflanzwürdige ein-
jährige Veredlung*

Auch vorzeitige Triebe können zum Kronenaufbau benutzt werden. Zu zahlreiche, bodennahe, steilstehende und konkurrierende Seitentriebe werden entfernt, die verbleibenden aber nicht eingekürzt. Der Mitteltrieb wird schwach angeschnitten.

Pflanzwürdige zweijährige Veredlung.

Auch bei der zweijährigen Veredlung werden überflüssige Triebe entfernt. Statt des Rückschnittes des ursprünglichen Mitteltriebes wird die Kronenspitze auf einen Seitentrieb abgeleitet. Die flachen, nur mittelstarken Seitentriebe werden belassen und in der Regel nicht eingekürzt.

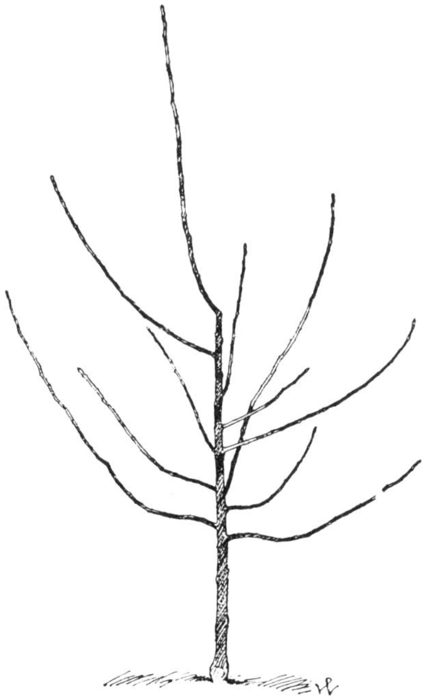

Je weniger die Verlängerung der Mittelachse eingekürzt wird, um so schlanker und schmaler wächst die Krone und um so flacher werden die Astwinkel der Seitenaustriebe zur Mittelachse. Bei starkwachsenden Sorten wie etwa 'Boskoop' werden starke Seitentriebe waagerecht gestellt.

Die wichtigsten Schnittstadien bei verschiedenen Apfelsorten

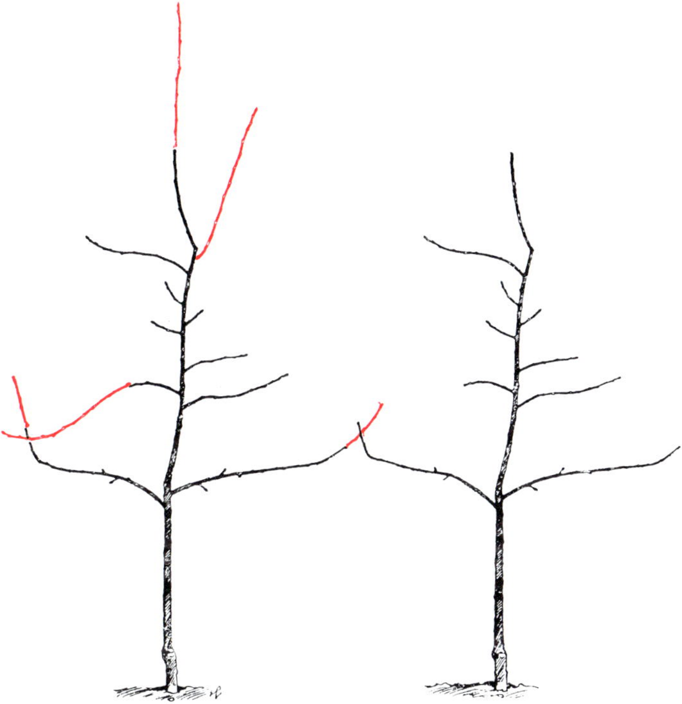

'Golden Delicious'/M IX ohne Gerüstaufbau nach einem Standjahr.

In dieser Krone gibt es keine Leitäste, alle Äste sind gleichwertig. Sie sind auf Grund des unterlassenen Rückschnittes der Seitentriebe vor allem an der Kronenbasis mehr in die Waagerechte gewachsen. In der Spitze haben sich nur schwache, aber schräg stehende Seitenaustriebe gebildet. Außer der Beseitigung der Konkurrenztriebe und der Einkürzung des Mitteltriebes ist kein weiterer Schnitteingriff erforderlich.

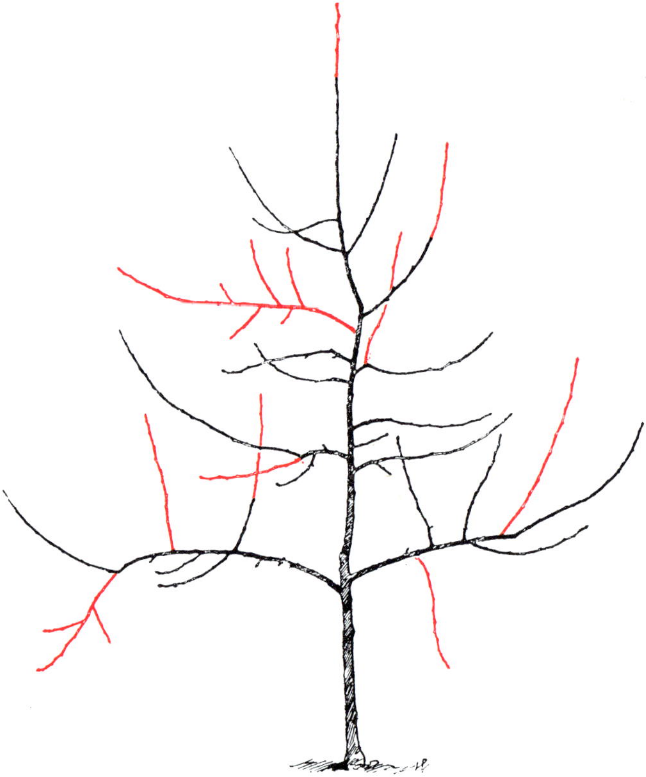

'Golden Delicious'/M IX
ohne Gerüstaufbau
nach zwei Standjahren.

Es entsteht eine schmale, unten etwas breitere Spindel mit betonter Mittelachse.

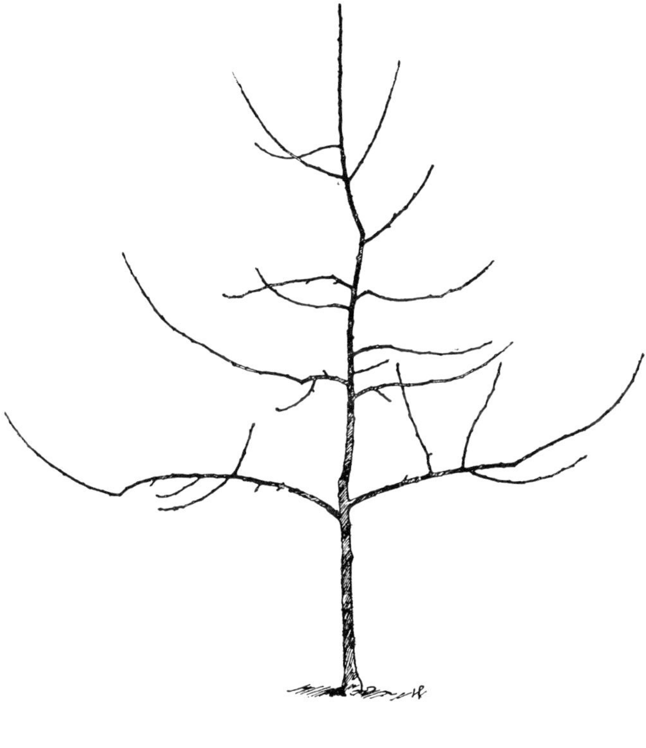

In dieser jetzt locker aufgebauten Krone wurden ein stärkerer Seitenast in der Kronenmitte und einige überflüssige Verzweigungen entfernt. Nur der einjährige Verlängerungstrieb an der Mittelachse wurde zu ihrer Stabilisierung und zur Förderung der Seitengarnierung in der Kronenspitze zurückgeschnitten. Ein weiterer Rückschnitt erfolgte nicht.

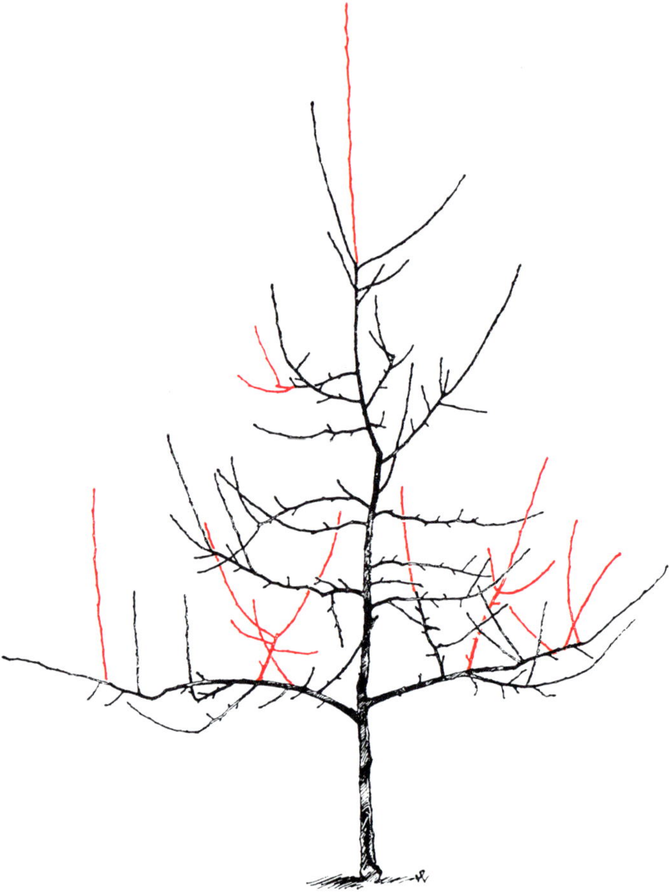

'Golden Delicious'/M IX ohne Gerüstaufbau nach drei Standjahren.

Der Baum ist so ausgewogen in seinem Aufbau aus physiologisch gleichwertigen Fruchtästen, daß in diesem Entwicklungsstadium nur wenige Schnittkorrekturen erforderlich sind. Auch hier wird nur der Mitteltrieb eingekürzt.

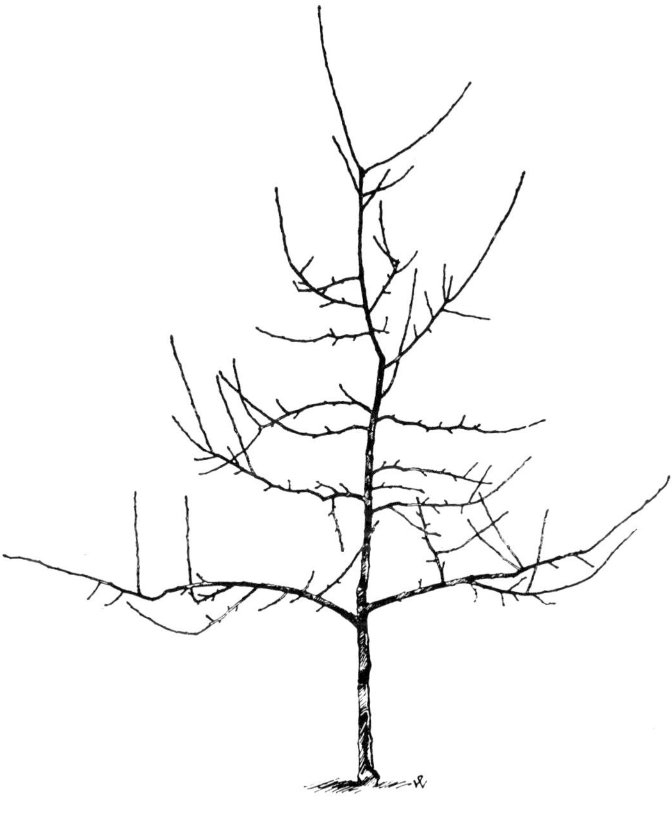

Es ist günstig, daß sich die Basisäste etwas stärker entwickeln als die übrigen Kronenteile; sie sind am wenigsten belichtet und der Spitze gegenüber, auch physiologisch gesehen, im Nachteil. Damit wird schon in der Jugend ein Überbauen der Kronenbasis verhindert und eine Voraussetzung für die zukünftige Ertragsbildung in allen Kronenteilen geschaffen.
Das Bild zeigt, daß bereits in diesem Alter eine Regeneration aus dem Kroneninnenbereich möglich ist.

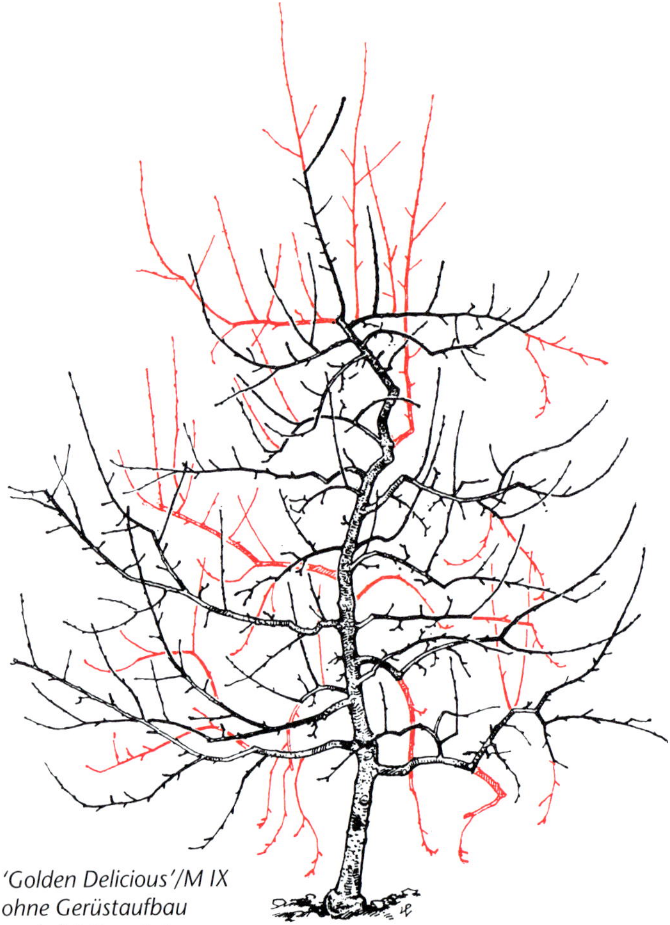

'Golden Delicious'/M IX ohne Gerüstaufbau nach 15 Standjahren.

'Golden Delicious' (Abb. oben) aus einer Dichtpflanzung von 3 × 1,5 m Abstand. Durch wiederholtes rechtzeitiges Entfernen stärkerer Seitenäste bis zu ihrem Ansatz und Ableiten des Mitteltriebes auf einen mehr flach stehenden Nebenast ist eine schmale, günstig bis zur Basis garnierte Krone entstanden.

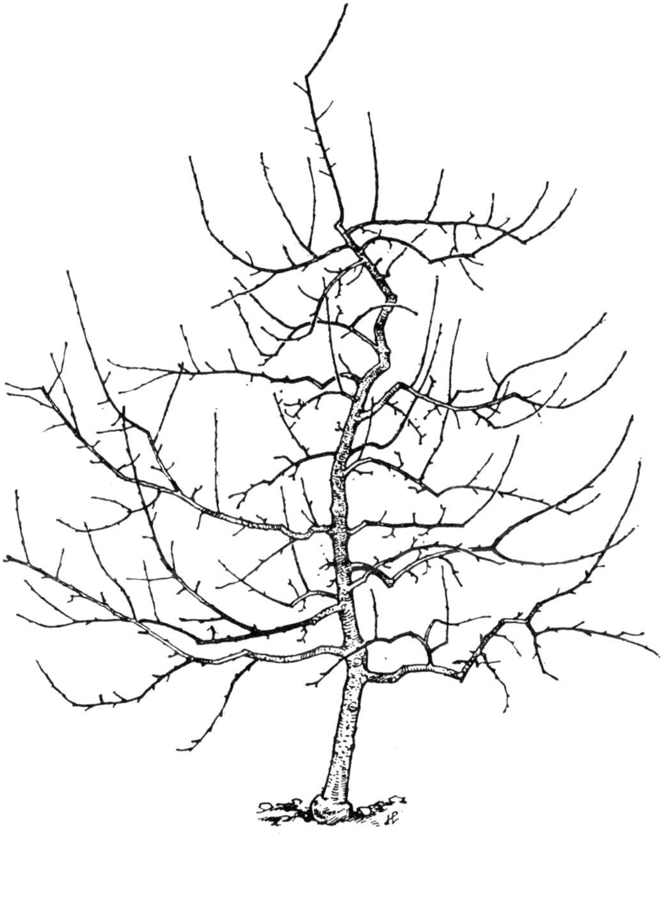

Überbauende Äste in der Kronenspitze wurden beseitigt und die Jungtriebe auch in der älteren Krone nicht eingekürzt. Altes Fruchtholz wurde entfernt, schwaches jüngeres in die Krone eingebaut und von Fall zu Fall eingekürzt.

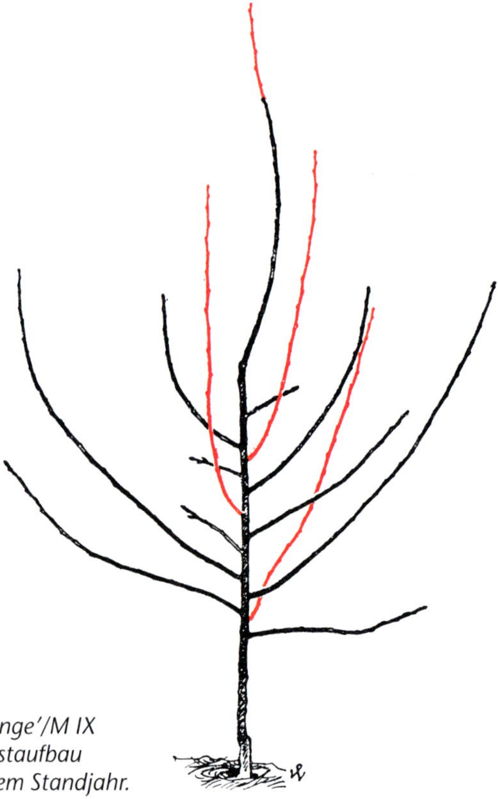

'Cox Orange'/M IX mit Gerüstaufbau nach einem Standjahr.

Die Krone des mittelstark wachsenden 'Cox' hat einen kräftigeren Trieb. Dieser kann durch das Belassen von schwächer wachsenden Seitentrieben mit flachem Winkel zur Hauptachse schnell zu Fruchtholz umgewandelt werden. Dabei muß ein Zurückschneiden der Seitentriebe unterbleiben. Den Aufbau übernehmen zwei etwas kräftigere, günstig stehende vorzeitige Seitentriebe. Die für den Aufbau vorgesehenen Triebe werden erst in der zweiten Vegetationsperiode schwach zurückgeschnitten.

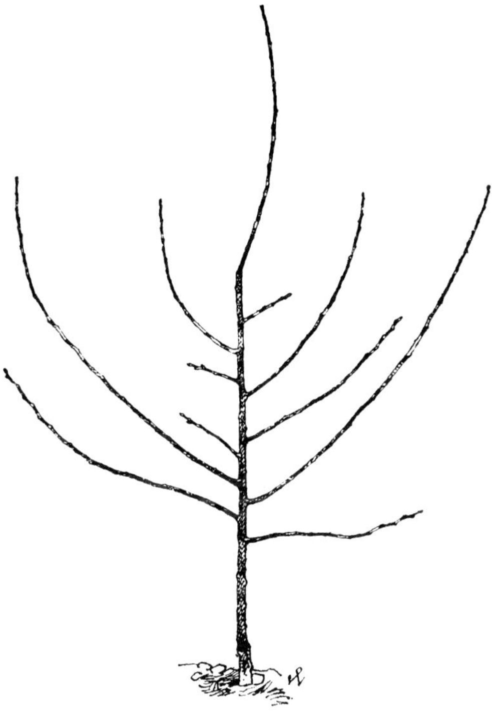

Bei systematischem Kronenaufbau wurden Mitteltrieb und zu entwickelnde seitliche Leitäste mäßig zurückgenommen. Überflüssige und sehr steile Triebe wurden ganz beseitigt. Alle anderen Triebe verbleiben ungeschnitten in der Krone und dienen dem baldigen Ertrag.

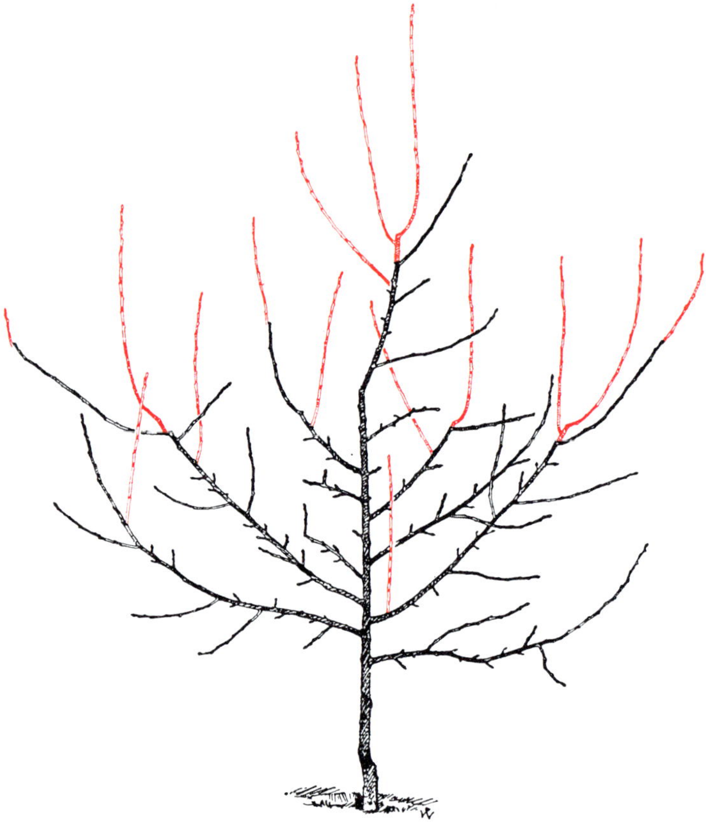

'Cox Orange'/M IX mit Gerüstaufbau nach zwei Standjahren.

Der Mitteltrieb und die herausgestellten seitlichen Leitäste heben sich in der Krone deutlich von den Fruchtästen ab. Durch den mäßigen Rückschnitt der Leittriebe und die schonende Behandlung der übrigen Kronenpartien sind zahlreiche Kurztriebe entstanden, die der schnellen Blütenbildung dienen.

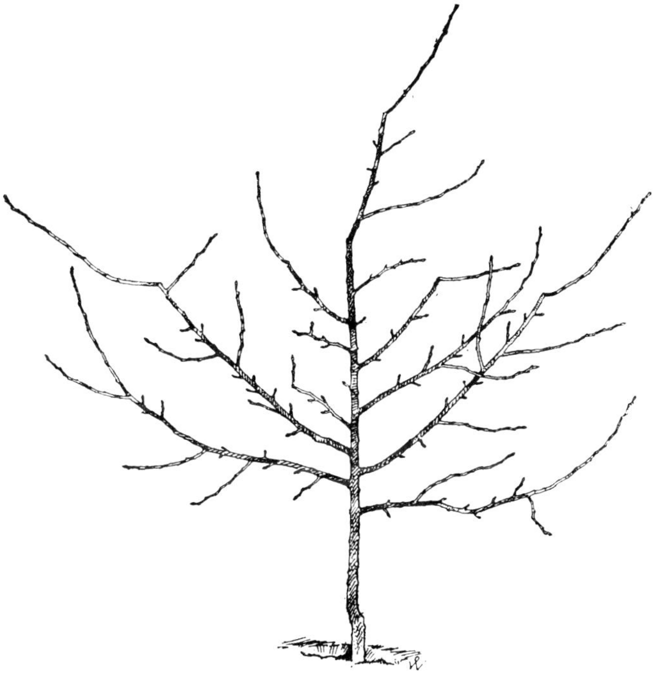

Die Mittelachse und die seitlichen Leittriebe wurden schwach eingekürzt oder bei sehr starkem und steilem Wuchs auf schräges und schwächeres Seitenholz abgeleitet. Zu dicke und senkrechte Triebe wurden bis auf den Astring fortgeschnitten. In Einzelfällen können bei ausreichendem Wachstum derartige Triebe auch waagerecht gestellt werden. Das Fruchtholz blieb ungeschnitten.

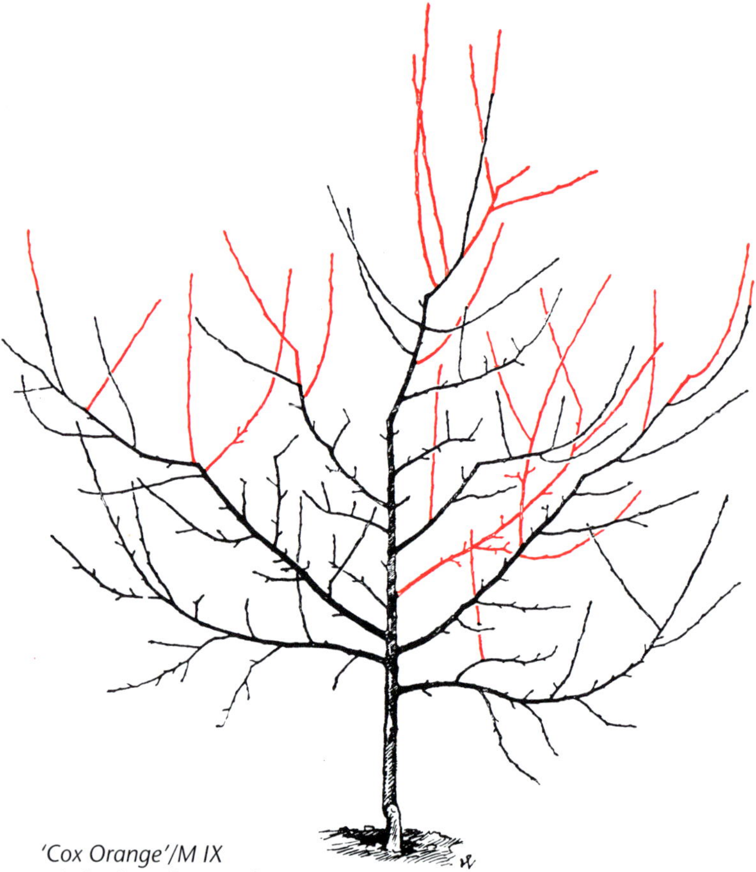

'Cox Orange'/M IX mit Gerüstaufbau nach drei Standjahren.

Durch den stärkeren Trieb und die Entwicklung von Leitästen wird die Krone breiter als bei 'Golden Delicious' auf der gleichen Unterlage. Basisförderung, Hemmung der Kronenspitze und Belichtung auch des Kroneninneren müssen schon an Jungbäumen eingeleitet werden.

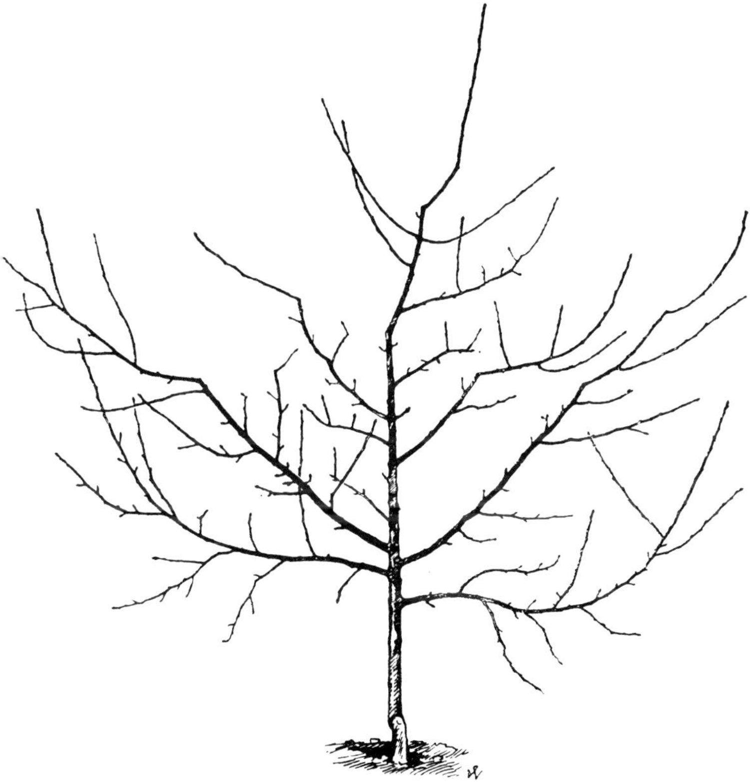

Die basisnahen Nebenzweige an der Krone und an den Leitästen blieben ungeschnitten. Die Spitzen der Mittelachse und die seitlichen Leitäste wurden auf schräger stehende Verzweigungen zurückgenommen. Diese sollte man nur wenig einkürzen, um einer frühzeitigen Vergreisung bei stärkeren Erträgen vorzubeugen.

'Cox Orange'/M IX
mit Gerüstaufbau nach
15 Standjahren ...

'Cox Orange' (Abb. oben) aus einer Pflanzung mit 3 × 3 m Abstand. Die Krone ist breitoval und zeigt deutlich den für eine optimale Standraumnutzung von vornherein angestrebten mehr systematischen Aufbau mit zwei Seitenleitästen. 'Cox' verlangt weitere Abstände und eine breitere Krone als 'Golden Delicious', um in ihr auch brauchbares älteres Fruchtholz erhalten zu können. Im ersten Arbeitsgang entfernt man stärkere, überbauende Äste in der Kronenspitze und zu dichte, steile Äste im Inneren.

Anschließend werden starke Jungtriebe beseitigt und wird Fruchtholz, das älter ist als vier bis fünf Jahre, völlig entfernt oder stärker eingekürzt.

Die fertig geschnittene Krone hat ein ausgewogenes Verhältnis zwischen Trieb und Ertrag. Die Kronenbasis wird von oberen Ästen nicht überdeckt und ist allgemein mit tragfähigen Kurztrieben bekleidet. Der obere Kronenraum ist so erdnah (2,50 m), daß er günstig vom Boden aus beerntet werden kann.

'Boskoop'/M IX nach einem Standjahr.

Im ersten Standjahr hat 'Boskoop' auf Grund seiner erblichen Veranlagung außer der Mitteltriebverlängerung nur einzelne Kurztriebe entwickelt. Um eine gleichmäßige Bekleidung mit nur mittelstarken Trieben zu erreichen, wird außer der schwachen Einkürzung des Mitteltriebes kein weiterer Rückschnitt vorgenommen.

'Boskoop'/M IX nach zwei Standjahren.

Die aus einer zweijährigen Veredlung entwickelte Krone ist mit zwei seitlichen Leitästen sehr locker und übersichtlich aufgebaut. Ein ähnlicher Aufbau ist z. B. bei 'Berlepsch' möglich.

Steile, zu stark entwickelte Jungtriebe wurden bis auf den Astring entfernt; ein Einkürzen der Jungtriebe an Gerüst- und Fruchtästen erfolgte nicht.

'Boskoop'/M IX nach zehn Standjahren.

Günstige Entwicklung eines Baumes aus einer Dichtpflanzung von 4 × 2 m. Bei einer mäßigen Förderung der Kronenbasis, aber dem Fehlen stärker beschattender Äste im oberen Kronenraum, ist trotz des erblich starken Wuchses von 'Boskoop' eine Engpflanzung vertretbar.

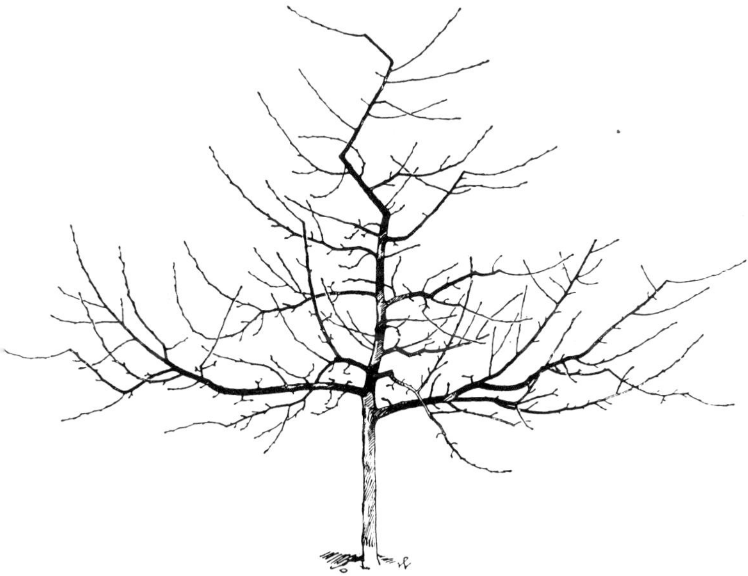

Trotz des günstigen Kronenaufbaus war eine Schnittkorrektur erforderlich. Kronenbasis und Spitze wurden von zu dichten und steilen Ästen und Jungtrieben befreit. Altes Fruchtholz wurde eingekürzt.

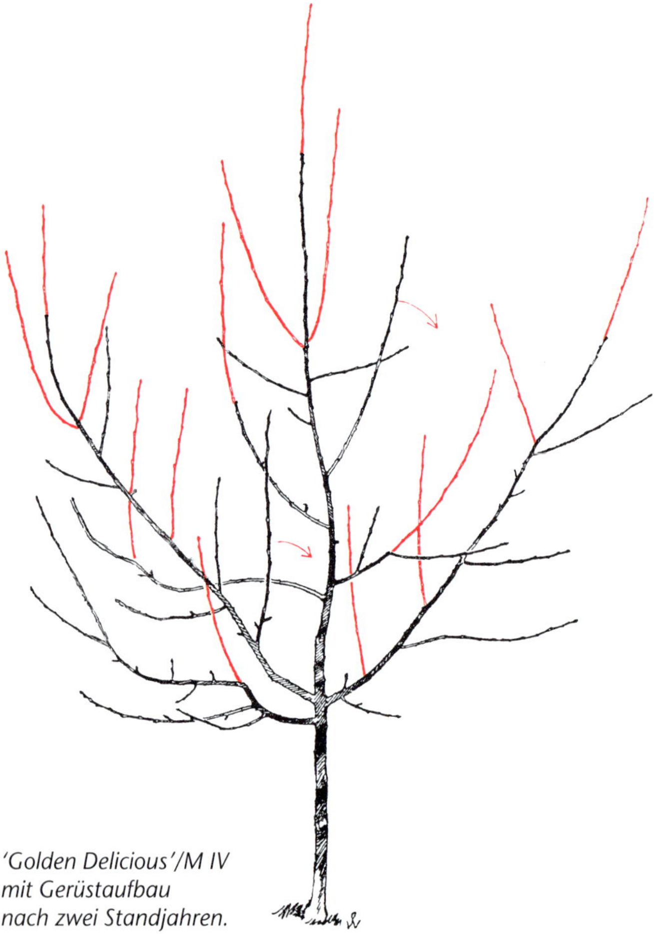

'Golden Delicious'/M IV mit Gerüstaufbau nach zwei Standjahren.

Durch die mittelstarken Trieb verursachende Unterlage M IV hat 'Golden Delicious' eine wesentlich größere Wuchskraft als in Verbindung mit der Zwergunterlage M IX (s. S. 66). Der Kronenaufbau auf zwei im Trieb bevorzugte Leitäste erfolgt in gleicher Weise wie es für 'Cox'/IX mit Aufbau (s. S. 74) beschrieben wurde.

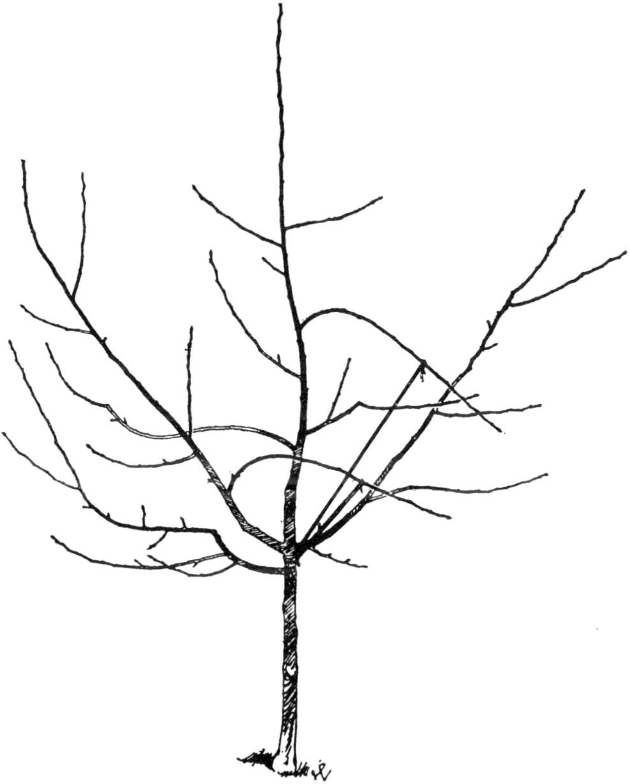

Zu steil stehende und zu zahlreiche einjährige Triebe wurden entfernt oder vereinzelt waagerecht gebunden. Durch dieses Binden entwickeln sie sich rascher zu Fruchttrieben. Die Verlängerungen der Mittelachse und der beiden Seitenäste wurden zurückgeschnitten.

'Golden Delicious'/M IV mit Gerüstaufbau nach drei Standjahren.

Die Krone hat sich günstig aufgebaut und ist kräftig ausgetrieben. Der linke seitliche Leitast wächst sehr stark und stört schon jetzt das Gleichgewicht in der Gesamtkrone. Die im Vorjahr waagerecht gebundenen Langtriebe haben bereits Blütenknospen angesetzt.

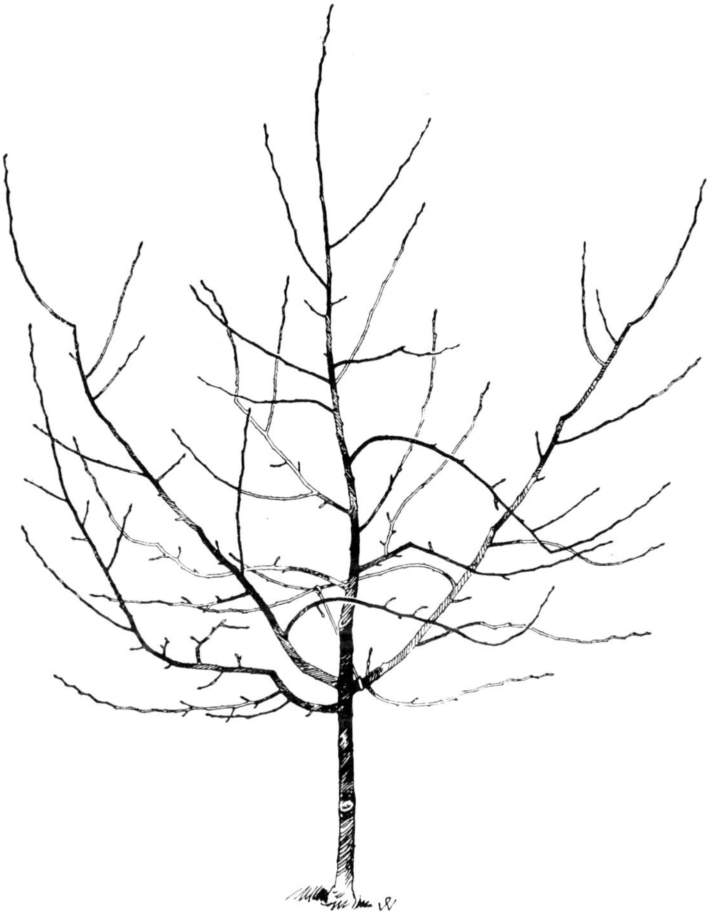

Am linken Seitenast wurden die zu zahlreichen Jungtriebe entfernt. Seine Verlängerung wurde auf einen etwas schwächeren und flacher stehenden Jungtrieb abgeleitet. Der zu lange rechte Seitenast wurde etwa auf der Höhe des linken Leitastes nach der Gesetzmäßigkeit der Saftwaage zurückgenommen, um eine gleichstarke Entwicklung der Seitenleitäste zu erreichen. Sonst erfolgte kein weiterer Rückschnitt.

'Golden Delicious'/M IV mit Gerüstaufbau nach vier Standjahren.

Die Krone wird für eine erdnahe Ernte zu hoch, der obere Kronenraum beginnt das Innere zu überbauen. Durch den vorjährigen stärkeren Schnitteingriff sind hier und an den Leitastspitzen zu viele Jungtriebe entstanden.

Mittelachse und Seitenäste wurden auf flach stehende, schwächere Nebentriebe zurückgenommen, die nicht eingekürzt werden. Zu dicke Äste wurden entfernt oder abgeleitet. Jungtriebe sind auf schwächere, mehr schräg stehende zu beschränken. Überaltertes (bei 'Golden Delicious' dreijähriges, bei 'Cox' und 'Boskoop' vier- bis fünfjähriges) Fruchtholz wurde weggeschnitten, um einen erneuten Austrieb im Kroneninnenbereich anzuregen.

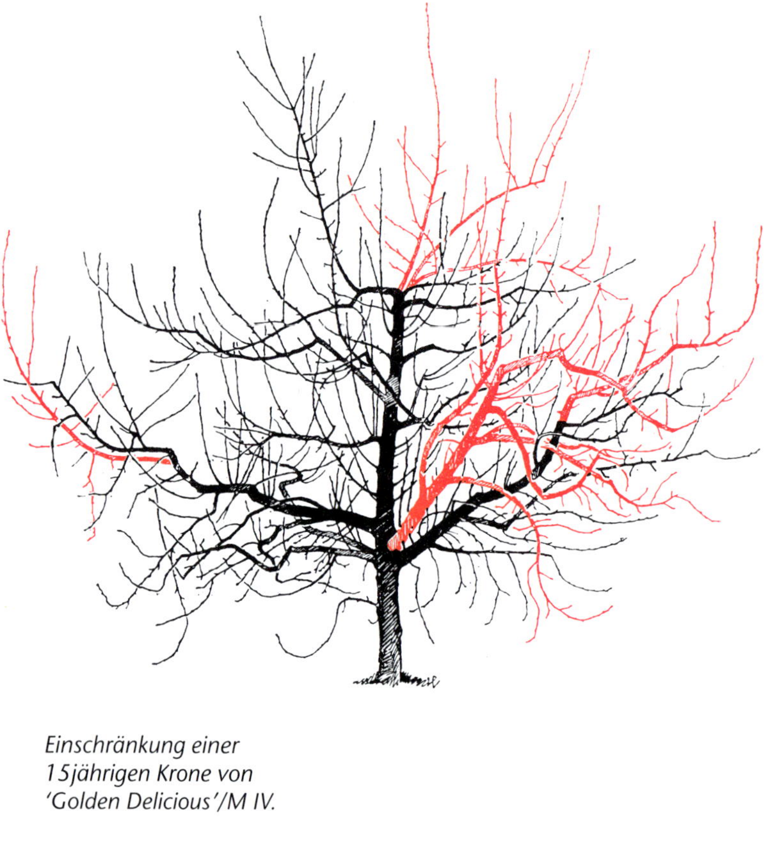

Einschränkung einer 15jährigen Krone von 'Golden Delicious'/M IV.

Die Krone muß so aufgebaut werden, daß ihre Beschränkung in Breite und Höhe den Verkehr in der Arbeitsgasse sicherstellt, die Tragfläche in Erdnähe erhält und den Lichtzutritt zum Kroneninneren ermöglicht. Zunächst werden stark in die Arbeitsgasse ragende, überbauende und zu sehr in die Breite gehende Äste fortgesägt oder abgeleitet.

Anschließend werden dünnere, sich überkreuzende Äste vor allem im oberen Kronenraum beseitigt oder eingeschränkt. Zu zahlreiche Wasserschosse schneidet man fort. Die vor allem an der Basis vorhandenen älteren, weniger belichteten Fruchtäste, die minderwertige Äpfel bringen, werden entfernt oder auf die Hälfte ihrer Länge eingekürzt.

Der vielfältige und teilweise auch starke Schnitteingriff ergibt eine erdnahe, locker und harmonisch aufgebaute Krone. Da die vielen Schnitte zu einer starken Neutriebbildung führen werden, ist eine mehrjährige systematische Nachbehandlung unerläßlich. Diese sollte mit einem rechtzeitigen Sommerriß (s. S. 54) der steilwachsenden Wasserschosse beginnen.

Überwachungs- und Auslichtungsschnitt allgemein

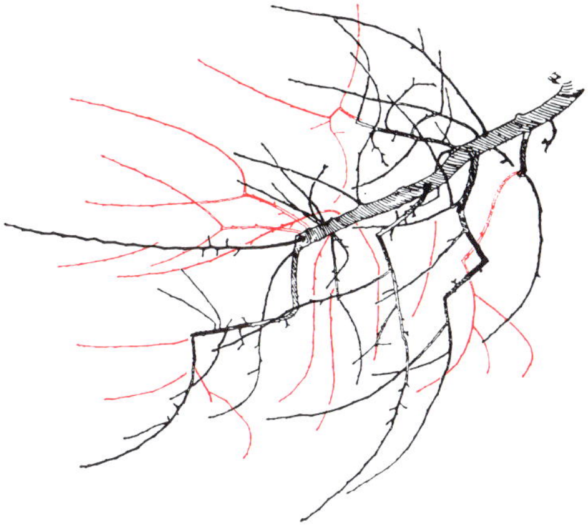

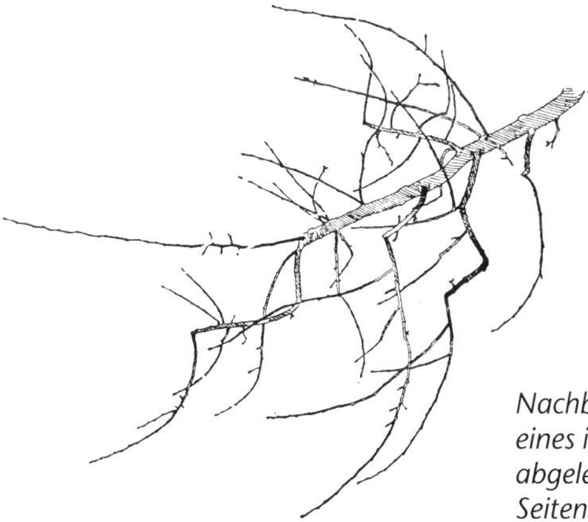

Nachbehandlung eines im Vorjahr abgeleiteten Seitenastes.

Alle zu steil und zu dicht stehenden Äste und Triebe werden beseitigt. Von den verbleibenden Jungtrieben werden weder die Astverlängerungen noch das Bekleidungsholz eingekürzt. Dabei ist auf eine gleichmäßige Garnierung auf der Länge des gesamten Astes zu achten.

Überwachungsschnitt an einem unteren Leitast.

Sind etwa im sechsten Standjahr der Grundaufbau der Gesamtkrone und das Gleichgewicht zwischen Basis und Spitze gesichert, so kann der Überwachungsschnitt beginnen. Zunächst werden nach innen und steil wachsende Triebe auf den Astring zurückgenommen.

Schlanke Spindel 4jährig auf M9 Sorte 'Elstar'.

Ballerina-Bäume im Topf 2jährig auf M 27.

Birne auf Quitte EMA 6jährig.

Süßkirsche 5jährig auf Gisela 5.

Schlanke Spindel Cox – Orangen Renette auf M 9.

Blühende Süßkirsche auf Gisela 5–6jährig.

Blühende Zwetsche 4jährig auf GF 8/1.

Hauszwetsche 4jährig auf GF 655/2.

An den Seitenästen zweiter und dritter Ordnung entfernt man die zu dicht stehenden Triebe, wobei zwischen ein-, zwei- und dreijährigen Trieben eine bestimmte Ausgewogenheit bestehen sollte.

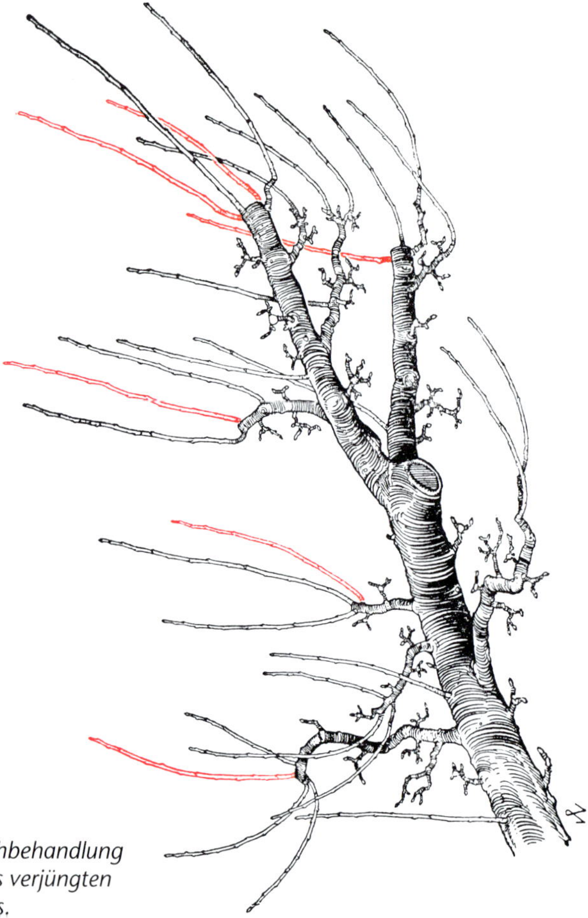

Nachbehandlung eines verjüngten Astes.

Zur Sicherstellung der Leitastverlängerung wird ein kräftiger, in Höhe und Richtung günstig stehender Jungtrieb belassen. Die mit ihm konkurrierenden Triebe, „Weidenköpfe" und alle senkrechten und zu zahlreichen Wasserschosse werden für den Fall, daß man sie nicht waagerecht bindet, entfernt.

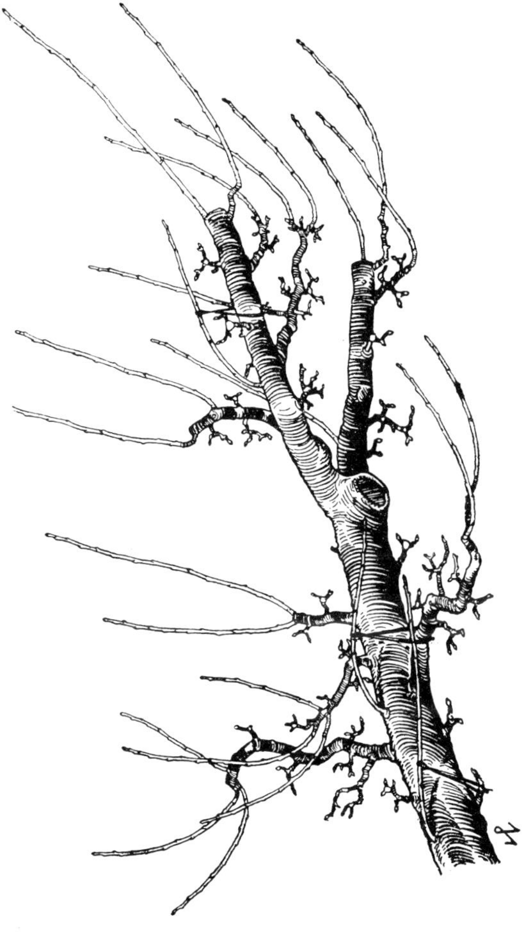

Zur Förderung der Astbekleidung und zur Ausbildung von Fruchtholz werden die verbliebenen Jungtriebe nachbehandelt. Ein Teil der senkrechten Wasserschosse bindet man waagerecht, die an sich schon schräg gewachsenen Triebe bleiben unbehandelt. Weder die natürlich waagerecht stehenden noch die waagerecht gebundenen Triebe werden zur Förderung der Blütenbildung eingekürzt.

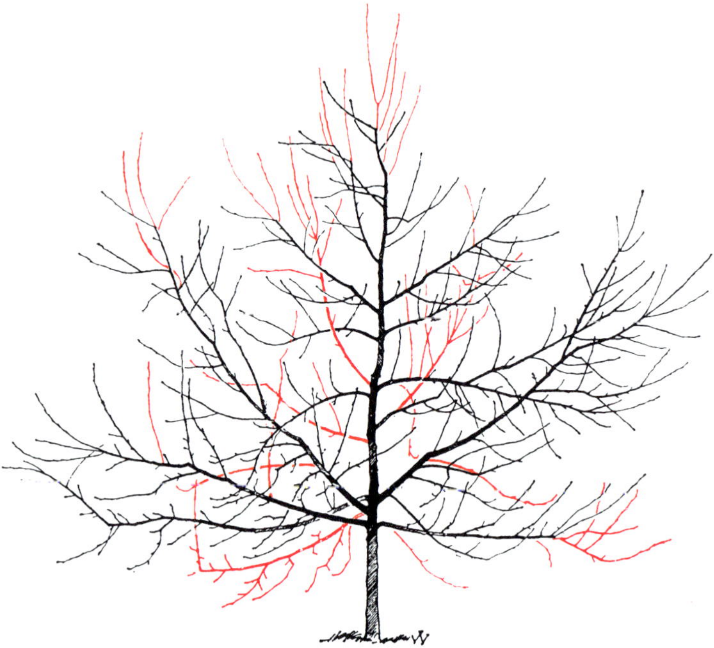

Überwachungsschnitt an starkwachsender, freistehender Krone im Stadium des Ertragsanstieges.

Die freientfaltete Krone eines Viertelstammes ist ziemlich günstig aufgebaut, weil von vornherein Wert auf eine weite Aststreuung gelegt und jegliche Quirlstellung vermieden wurde. Es ist allerdings sichtbar, daß der Kroneninnenraum sich zu schließen beginnt.

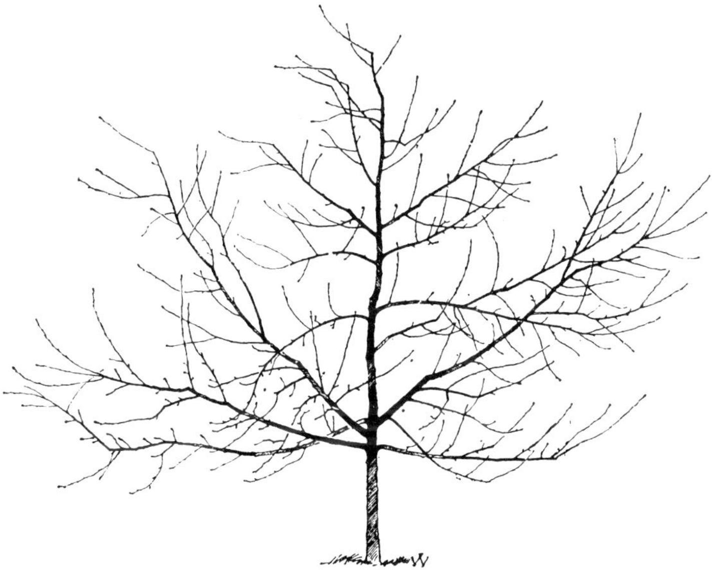

Nach der Beseitigung zu dicht stehender Äste wurden Mittelachse und führende Gerüstäste auf schräg stehende Jungtriebe abgeleitet. Ein Einkürzen der Jungtriebe unterblieb. Die Lichtverhältnisse konnten im Kroneninnenraum verbessert werden. Bei einer so ausgedehnten Krone erhöht sich der Schnitt-, Pflege- und Ernteaufwand gegenüber der erdnahen Krone auf der schwachen Unterlage M IX um ein Mehrfaches.

'Cox Orange' mit zu breiter und hoher Krone nach 12 Standjahren.

Der erforderliche starke Schnitteingriff wird zweckmäßig auf mehrere Jahre verteilt. Im ersten Behandlungsjahr wird der in die Arbeitsgasse ragende starke Ast ebenso abgesägt wie überbauende und das Kronengleichgewicht störende größere Äste. Die vor allem an den Schnittwunden entstehenden zahlreichen Jungtriebe werden zweckmäßig durch Sommerriß beseitigt.

Im zweiten Jahr werden die noch zu dicht stehenden Äste zusammen mit den einjährigen Trieben entfernt, die sich durch den vorhergehenden Schnitteingriff gebildet haben.

Im oberen Teil der Krone haben sich erneut zahlreiche Jungtriebe gebildet. Im dritten Jahr ist deshalb ein Schnitteingriff erforderlich. Stärkere Äste an der Stammverlängerung werden abgesägt. Ein Teil der senkrecht wachsenden Jungtriebe ist durch Sommerriß zu entfernen. Das ältere Fruchtholz an den Basisästen wird fortgeschnitten oder eingekürzt.

So entsteht eine erdnahe, allseits mit jungem Fruchtholz bekleidete Krone. Durch eine starke Zurücknahme und Auslichtung der Stammverlängerung herrscht jetzt physiologisches Gleichgewicht zwischen Basis und Spitze. Der so abgeflachte Baum läßt auch genügend Bewegungsfreiheit in der Arbeitsgasse.

Trotz erheblicher Eingriffe in die Krone konnte durch die Verteilung der Schnittarbeiten auf mehrere Jahre nicht nur eine vollständige Verjüngung erreicht werden, sondern auch vollständiger Ertragsausfall vermieden werden.

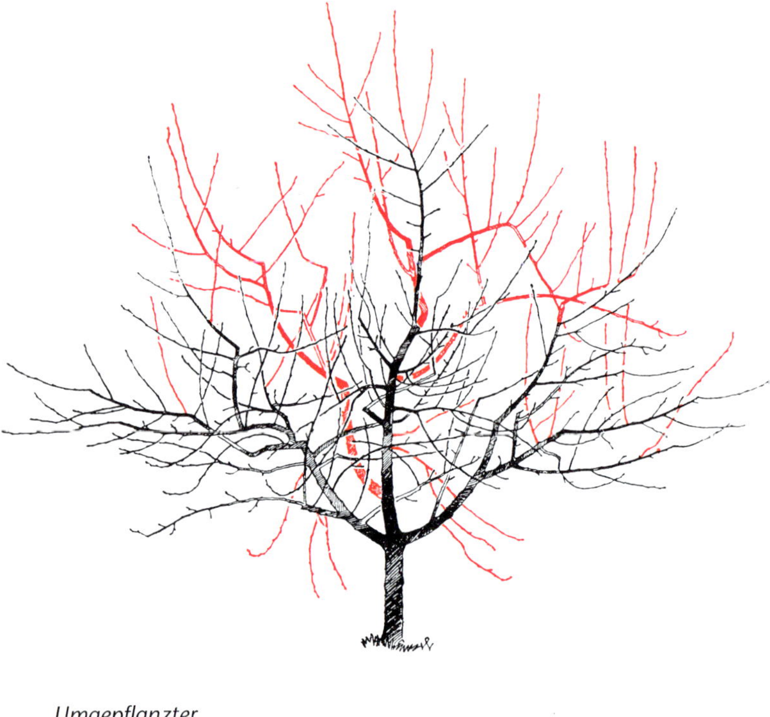

Umgepflanzter 15jähriger 'Cox'/M IX nach zwei Jahren am neuen Standort.

Zum besseren Anwachsen wurde die Krone bei der Umpflanzung kaum geschnitten. Durch größere Äste ist ihre Basis überbaut. Deswegen wurde ein stärkerer Schnitt erforderlich.

Ein Leitast wurde entfernt, um die Arbeitsgasse freizuhalten. Zwei überbauende und abgeflachte Äste wurden ebenfalls abgesägt. An dem verbleibenden erdnahen Astgerüst waren nur noch Wasserschosse und überaltertes Fruchtholz fortzuschneiden.

Die schlanke Spindel

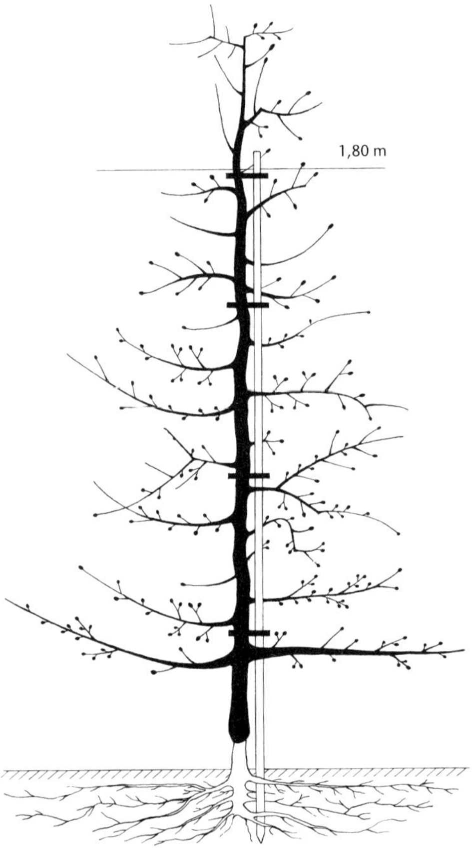

Abb. 1

Seit Jahren wird insbesondere der Apfelanbau, aber auch der Anbau anderer Baumobstarten, auf die kleine Baumform der „Schlanken Spindel" umgestellt. Früh einsetzende, stetig ansteigende Erträge von bester Fruchtqualität, bei verminderten Pflege- und Erntearbeiten sowie die schnelle Anpassung an Marktbedürfnisse, führen dazu, daß der Apfelanbau im Erwerbsobstbau, aber auch vermehrt im Hobby-Obstbau größeres Interesse gewinnt.

Der 1950 in England von Gordon McLean als Pillar entwickelte Apfelbaum wurde 1958 von den Holländern übernommen, als „Schlanke Spindel" weiterentwickelt und dann in der Bundesrepublik Deutschland eingeführt.

Mit der „Schlanken Spindel" kam die Abkehr von der Kugelkrone mit dem Dreiast- oder Vierast-System, von den mittelstarkwachsenden Unterlagen zu den schwachwachsenden Unterlagen. Sie brachte den engeren Pflanzabstand und den langen Holzpfahl. Mit ihr kamen höhere Anlage-Investitionen, die bedingt durch die höhere Baumzahl – 1200–1600 und mehr Bäume pro ha – wettgemacht werden, wie auch die höheren Pfahlkosten durch frühe und hohe Erträge und – je nach Pflanzdichte – durch einen verminderten oder gleichbleibenden Aufwand sich rentieren. Bei fachlich richtiger Kulturbehandlung setzt ab dem vierten Standjahr der Vollertrag ein, wobei die ersten Jahre gezielt dem vegetativen Aufbau unterstellt sind. Die Kronenform der „Schlanken Spindel" (Abb. 1) weist anfänglich die Form eines spitzen, später abgestumpften Kegels auf, der im unteren Teil der Krone – in der Höhe von 60–80 cm – in Reihenrichtung zwei um die Mittelachse verteilte Fruchtzweige hat, die nie entfernt werden dürfen. Darüber baut sich in unregelmäßiger Reihenfolge, aber ständigem Wechsel, der vegetative (Trieb) und generative (Frucht) Wuchs auf, deren Wechsel – sortenbedingt – nicht leicht ist und deshalb die Hand eines geschulten Menschen braucht. Mit dieser Erziehungsform lassen sich Apfelsorten mit schwierigem Fruchtverhalten – wie aber auch Birnensorten – mit gutem Erfolg anbauen. Als Unterlage wird grundsätzlich nur der schwachwachsende Typ M 9, bei reichtragenden Sorten auch M 26 und in Ausnahmefällen (Standortanpassung) auch M 106 verwendet.

Birnen stehen auf den Unterlagen 'Quitte C', 'Quitte BA 29' und '*Pyrus* OHF 333'. Die 'Quitte A' spielt auch noch eine Rolle.

Der Abstand darf von Reihe zu Reihe nicht unter 3,50 m bzw. nicht über 4,00 m und in der Reihe zwischen 1,50 und 2,00 m sein, wobei nach unten 20–40 cm – je nach Bodenverhältnissen – gegangen werden kann. Für folgende Apfelsorten beträgt der Abstand in der Reihe:

'James Grieve'	1,50 m
'Golden Delicious'	1,50 m
'Idared' / 'Ivette'	1,50 m
'Alkmene' / 'Elstar'	1,80 m
'Jamba' / 'Summerred'	1,80 m
'Goldparmäne' / 'Jonagold'	1,80 m
'Cox Orange' / 'Renette'	1,80 m
'Cortland' / 'Jonathan'	1,80 m
'Melrose' / 'Tumanga' / Granny Smith'	1,80 m
'Gloster' / 'Maigold'	1,80 m
'Roter Boskoop' / 'Roter Berlepsch'	2,00 m
'Gelber Edelapfel' / 'Mutsu'	2,00 m
Birnen nicht unter	2,00 m

Die Veredlungshöhe liegt bei den Sorten mit den Standweiten von 1,50 bis 1,80 m bei 15 cm und bei denen von 2,00 m bei 25 bis 30 cm.

Jeder Baum erhält einen hochdruckimprägnierten Holzpfahl in einer Länge von 2,50 m und einer Zopfstärke von 5 bis 6 cm Durchmesser, der bis 70 cm in den Boden eingeschlagen wird, so daß 1,80 m aus dem Boden ragen. Bei Verwendung eines Spanndrahtes, dessen einziger Draht in einer Höhe von 1,80 m gespannt wird, steht alle 8 bis 10 m ein 2,75 m langer 10 bis 12 cm starker Holzpfahl, 2,00 m aus dem Boden ragend. Dazwischen stehen die 2,20 m langen Baumpfähle mit 3 bis 4 cm Zopfstärke, die 20 bis 30 cm in den Boden kommen und mittels praktischer Stahlklammern an dem Spanndraht befestigt werden.

Das Pflanzenmaterial besteht aus einjährigen, wenn möglich aus zweijährigen virusgetesteten Veredlungen mit einer sortengerechten Verzweigung. In 50 cm Höhe soll der Stammdurchmesser 15 mm betragen und je größer das Wurzelvolumen bei der Pflanzung ist, um so besser ist das Anwachsen und der Neutrieb im ersten Standjahr. Bei der Pflanzung ist

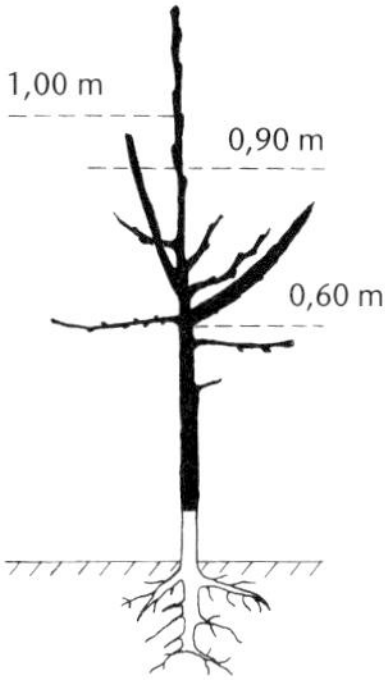

Abb. 2

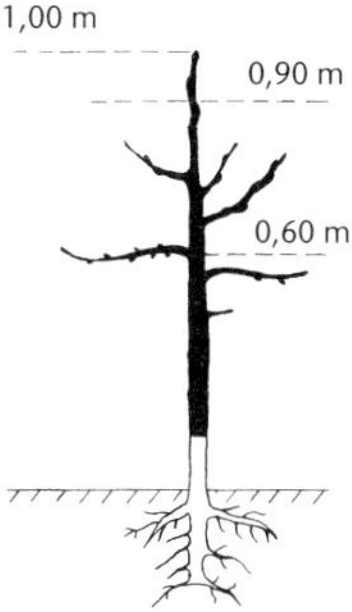

Abb. 3

auf den Abstand zwischen Boden und Veredlungsstelle besonders zu achten.

Der Pflanzschnitt erfolgt im Frühjahr durch einen Rückschnitt der Mittelachse auf eine Höhe von 90 bis 100 cm (Abb. 2). Von den vorzeitigen Trieben innerhalb und unterhalb des gewünschten Kronenanfanges – zwischen 60 und 90 cm – werden die schwächsten und steilsten Triebe entfernt (Abb. 3). Ein Rückschnitt der Triebe erfolgt nicht, auch kein Ableiten auf nächst schwächere Triebe. Im Bereich von 60 bis 80 cm sind zwei waagerechte Gerüstäste in Reihenrichtung aufzubauen, die zeitlebens zu erhalten sind. Auf die Saftwaage ist in jeder Höhe zu achten.

Im zweiten Standjahr hat der Rückschnitt der Mittelachse so zu erfolgen, daß diese auf einen Konkurrenztrieb abgeleitet wird (Abb. 4/5). Es erfolgt ein Rückschnitt bei einer langen Mittelachse, um einer Verkahlung vorzubeugen bzw. um eine gleichmäßige Seitengarnierung zu garantieren. Sorten mit geringer Seitentriebneigung werden an drei bis fünf Stellen mit halbmondförmigen Kernschnitt über dem Auge (Abb. 18) versehen – April/Mai –, um diese zum Austrieb zu zwingen. Bei einem guten Wuchs ist nicht nur in den ersten Jahren ein Sommerschnitt wichtiger als der Winterschnitt bzw. kann der Winterschnitt durch den Sommerschnitt abgelöst werden. Ab Juli werden steilstehende Triebe – bei

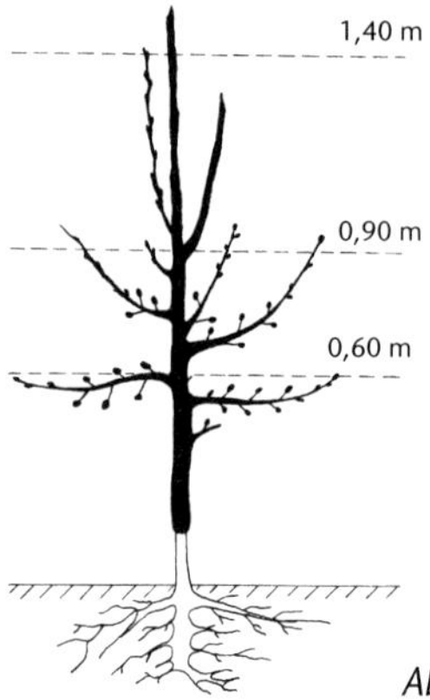

Abb. 4

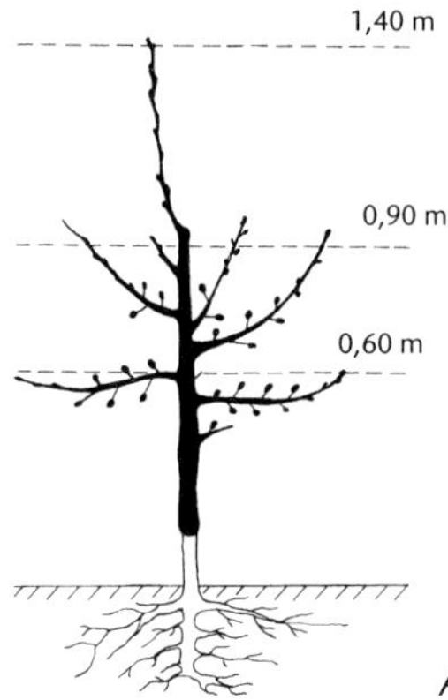

Abb. 5

geringer Anzahl von Trieben – in die Waagerechte gebunden oder gedreht. Sind zahlreiche Triebe vorhanden, werden steilstehende Triebe auf Astring entfernt. Ebenfalls entfernt werden schon im Sommer die Konkurrenztriebe (Abb. 5). Innerhalb von drei Standjahren muß die Mittelachse bis auf 2,00 m aufgebaut sein, die am Pfahl vier bis fünf Mal angebunden wird. Überragt die Mittelachse den Pfahl oder Spanndraht, kann abgesetzt werden (Abb. 6/7). Steilstehende Triebe werden bis auf Astring entfernt. Der Schnitt erfolgt dabei bis zur Mittelachse durch einen Schrägschnitt (Abb. 7/14), nicht mit einem Stummelschnitt (Abb. 16). Mit einem Schrägschnitt erreicht man einen waagerechten Neutrieb. Ein Stummelschnitt führt dagegen zu einem steilen Neutrieb, der nicht erwünscht ist. Je waagerechter die Triebbildung bzw. das Triebwachstum, um so besser ist der Fruchtholzansatz oder der Fruchtertrag (Abb. 15/16).

Der Grundaufbau ist beendet, wenn die Höhe – je nach Sorte – von 2,00 bis 2,50 m erreicht ist. Jetzt liegt es an der fachlichen Qualifikation, an dieser Mittelachse ständig für ein ausgewogenes Verhältnis von einjährigen, zweijährigen, dreijährigen Trieben zu sorgen, das eine jährliche optimale Ertragsleistung von durchschnittlich großer Fruchtgröße hervorbringt. So sind alljährlich genügend einjährige,

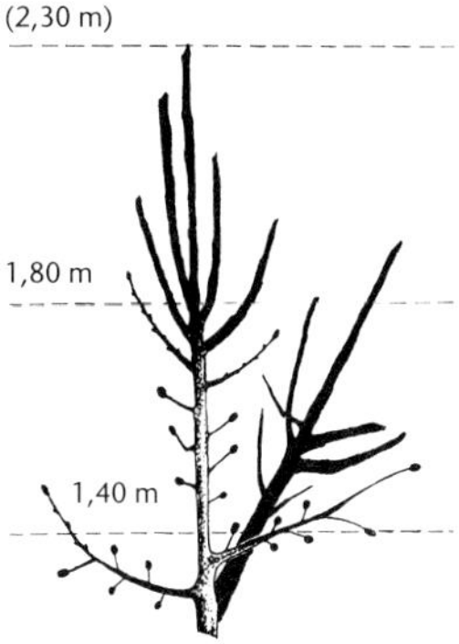

Abb. 6

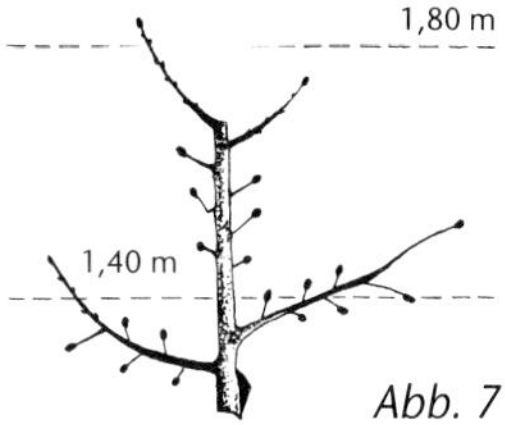

Abb. 7

waagerechte Triebe von mittlerer Stärke zu erzielen oder zu belassen, die auf die ganze Krone gut verteilt sind und dabei gut belichtet werden. Ein Teil wird mit endständiger Fruchtknospe oder kurzem Fruchtholztrieb im zweiten Jahr – sortenbedingt – zum Tragen kommen. Der andere Teil wird – auch sortenbedingt – erst im zweiten Jahr Blütenknospen bilden und im dritten Jahr in den Ertrag kommen. Birnensorten brauchen oftmals ein Jahr länger.

Im Frühjahr des dritten Jahres kann der einjährige Trieb – je nach Weite des Fruchtzweiges von der Mittelachse – bis zum zweijährigen Fruchtholztrieb entfernt werden (Abb. 13/14).

Im Frühjahr des vierten Jahres wird der dreijährige bzw. fruchttragende Trieb bis auf die Triebbasis oder auch die Mittelachse bis auf Astring durch Schrägschnitt entfernt (Abb. 14).

Ist prozentual zu wenig Fruchtholz vorhanden, wird auch dreijähriges Fruchtholz belassen. Der Spitzenbereich wird durch Absetzen der Mittelachse auf möglichst waagerechte Seitenäste mäßiger Stärke abgeleitet, die einen reichen Fruchtknospenbesatz aufweisen (Abb. 8/9). Durch den reichen Fruchtknospenbesatz und nachfolgenden Fruchtertrag

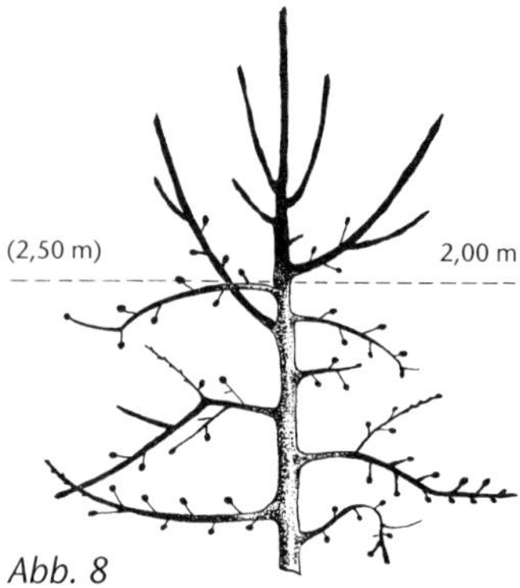

Abb. 8

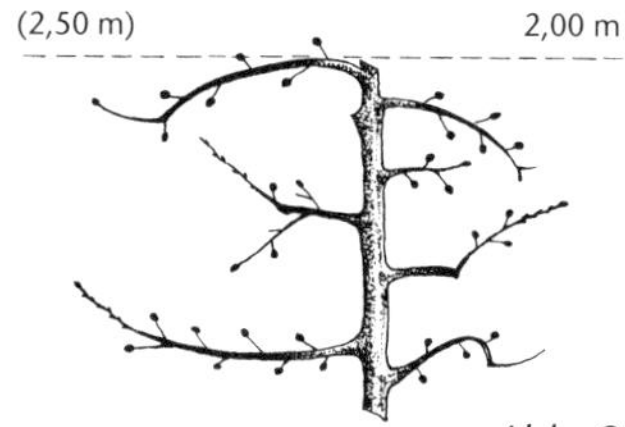

Abb. 9

wird eine zu starke Holztriebbildung bzw. ein Übermaß von Holztrieben verhindert. Dies ist aber auch nur eine sortenspezifische Maßnahme, trifft also nicht für alle Sorten zu. Um z. B. die Triebkraft bei der Sorte 'Boskoop' in der Spitze abzuschwächen, läßt man diesen in der Spitze durchwachsen und schneidet ihn schlank. Unter dem Gewicht des Fruchtbehanges biegt sich die Spitze oder Mittelachse nach unten. Nach der Ernte wird die überragende Spitze auf einen nächstliegenden Fruchtholztrieb zurückgeschnitten. Bleibt der Fruchtbehang aus – z. B. durch Blütenfröste – so ist die überragende Spitze – wegen der Überbauung – beim Sommerschnitt zu entfernen.

Die Spitze der Mittelachse erfährt bei allen Sorten und in jedem Jahr die größte Aufmerksamkeit, in erster Linie um eine Überbauung zu verhindern, die im schlimmsten Fall zu einer Auskahlung führt und eine schlanke Spindel zum Halb oder Hochstamm werden läßt.

Der Fruchtertrag hat sich gleichmäßig auf den ganzen Baum zu verteilen, er soll weder unterlastig noch oberlastig sein. Beim Schnitt ist darauf zu achten, daß jeder Baum ein Drittel einjähriges, ein Drittel zweijähriges und ein Drittel dreijähriges Trieb- bzw. Fruchtholz aufzuweisen hat. Dieses Verhältnis

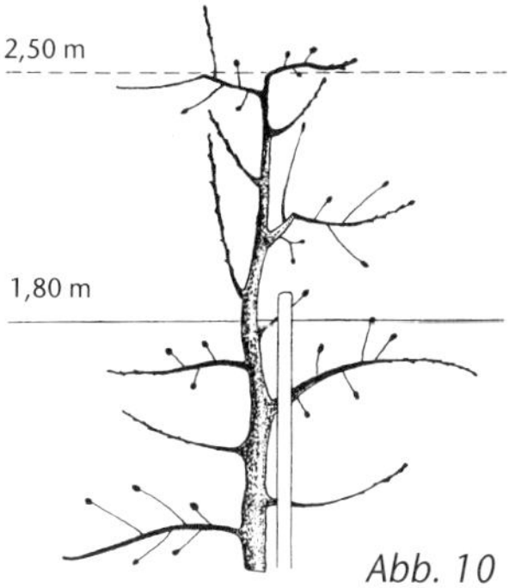

Abb. 10

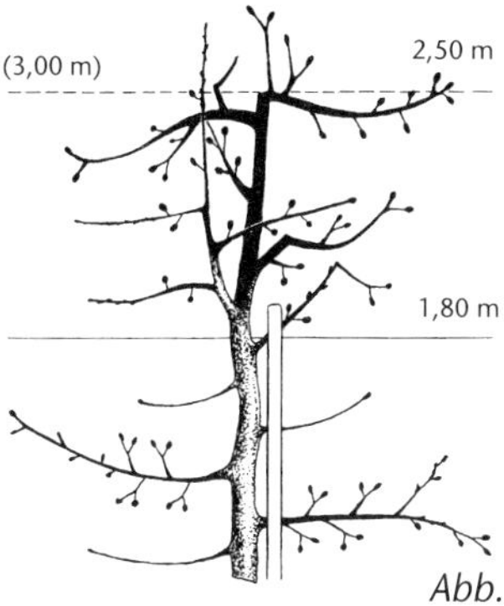

Abb. 11

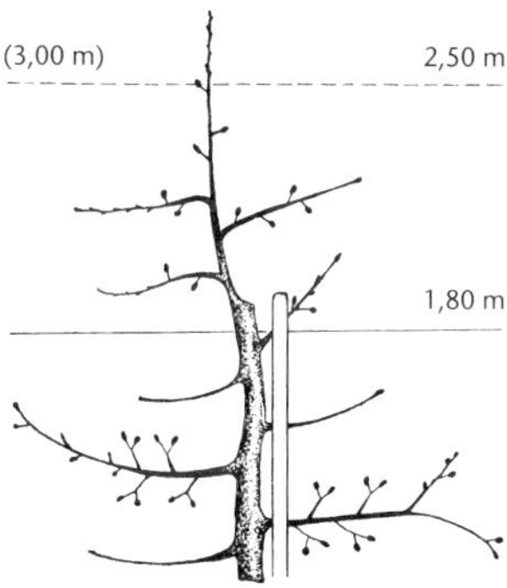

Abb. 12

kann sich leicht verschieben, wird aber grundsätzlich mit Fruchtausdünnungsmaßnahmen korrigiert.

Sowohl Sommerschnitt als auch die Fruchtausdünnung sind nicht nur in ertragsstarken Jahren erforderlich, letzteres ist auch sogar in ertragsschwachen Jahren eine zwingende Notwendigkeit. Diese Maßnahmen verhindern eine Alternanz, führen zu gleichmäßigen Erträgen mit besseren Fruchtqualitäten, größeren Ernteleistungen und einer besseren Blütenknospenbildung, demzufolge einem gesicherten Ertrag für das nächste Jahr.

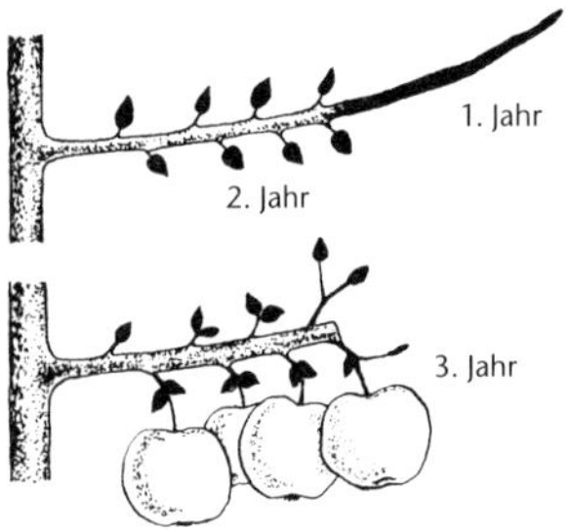

Abb. 13

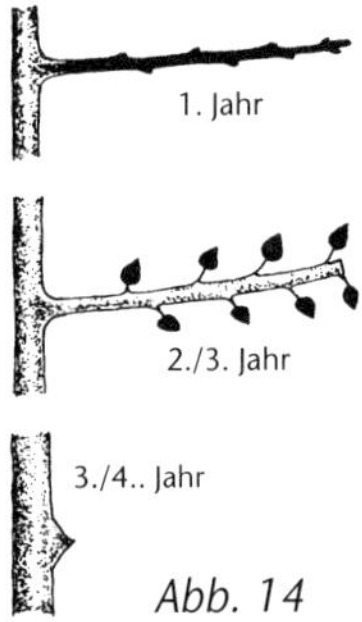

Abb. 14

Abb. 15

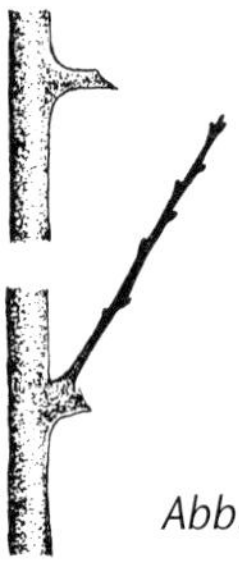

Abb. 16

Um im Bereich von 2,00 über 2,50 bis 3,00 m zu variieren, ist es möglich, einen unteren Mittelast, parallel zur Mittelachse durchzuziehen (Abb. 10/11/12). Hat dieser die gewünschte Höhe erreicht und ist gut mit Fruchtholz garniert, wird die danebenstehende Mittelachse, die auch abgetragen ist, entfernt. Diese Fruchtholzerneuerung kann oder ist im gesamten Kronenraum anzusetzen bzw. durchzuführen. Zu bevorzugen sind in allen Jahren die Blütenknospen am zweijährigen Fruchtholz; nur in Ausnahmefällen oder wenn nicht genügend zweijähriges Fruchtholz vorhanden ist, kann drei- oder auch vierjähriges Fruchtholz belassen werden.

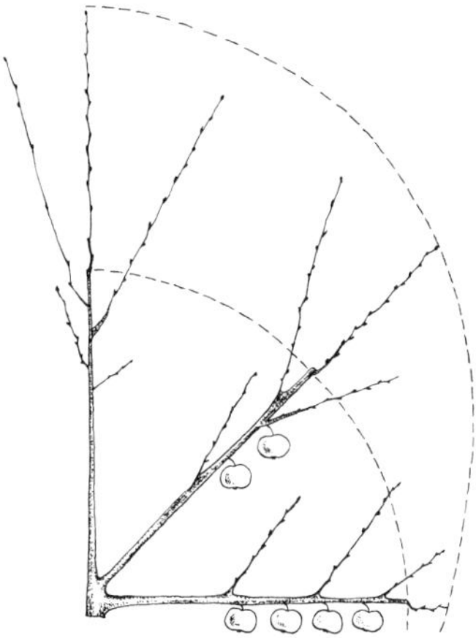

Abb. 17

Abb. 18

Birnen sind – außer 'Alexander Lucas' – bedingt durch den sehr starken vertikalen Wuchs (Spitzenförderung!) in diesem Bereich so zu schneiden (Abb. 10/11/12), daß ein Mittelast parallel zur Mittelachse durchgezogen wird. Triebe der Mittelachse oder Ersatzmittelachse werden niemals angeschnitten.

Die Mittelachse läßt man durchlaufen, die dann erst bis zur Ersatzmittelachse entfernt wird, wenn die Ertragsleistung erbracht wurde. Nur so kann die Mittelachse im Wuchs gebremst und eine Vieltriebigkeit vermindert werden.

Birnen sind im Gegensatz zu Äpfeln in den ersten vier Jahren verstärkt zu binden. Aus der Mittelachse sind die Triebe in unregelmäßiger Reihenfolge in den waagerechten Wuchs zu bringen und dürfen nie bis auf Astring entfernt werden. Nur überflüssige Triebe im Wuchs von Abb. 17 sind auf Astring zu entfernen. Die variable Höhe der Birnen wird sich je nach Sorte zwischen 2,50 bis 3,00 m einpendeln.

Die gesamten Schnittmaßnahmen sind durch weitere Kulturmaßnahmen zu unterstützen. Zunächst ist es wichtig, daß die Bäume ein ausgewogenes Nährstoffverhältnis im Boden vorfinden. Zur Feststellung der Nährstoffverhältnisse dienen Bodenuntersuchungen, die alle drei bis vier Jahre durchgeführt werden sollten. Liegen optimale Ergebnisse vor:

pH	6,0 – 6,5
P2O5 – Phosphor	20 – 25 mg
K2O – Kali	30 – 40 mg
MgO – Magnesium	12 – 15 mg,

so braucht in den ersten Jahren – mit Ausnahme von Stickstoff und Kalk – nicht gedüngt zu werden. Vom ersten bis zum dritten Standjahr werden abnehmend pro Jahr 120 / 80 / 60 kg N/ha, 1,2 / 0,8 / 0,6 kg N/ar in drei Gaben verteilt gegeben. Danach richten sich die Düngergaben nach dem Ertragsentzug. Die hohe Stickstoff-Düngung in den Aufbaujahren hat den Zweck, den vegetativen Wuchs des Baumes zu fördern. Auf einen Fruchtbehang in dem ersten Standjahr soll weitgehend verzichtet werden. Bei der Durchführung von Nährstoffuntersuchungen sollte eine Stickstoffuntersuchung mit einbezogen werden. Entsprechend regelmäßig ist die Kalkung vorzunehmen, wobei eine alljährliche Düngung von 10 dt/ha (10 kg/ar) wichtig ist.

Die Baumstreifen bleiben durch entsprechende Maßnahmen in einer Breite von 1,00 bis 1,50 m unkraut- bzw. bewuchsfrei. Abdeckungen mit Rasenmulch, Rindenmulch, Stallmist oder anderen organischen Stoffen sind vorteilhaft, bedürfen aber der ständigen Kontrolle, um insbesondere Wühlmausschäden zu verhindern.

Zur Gesunderhaltung von Blatt – Trieb – Frucht und zur Ertragssicherung sind regelmäßige bzw. turnusgemäße Pflanzenbehandlungsmaßnahmen notwendig, die sich in der Hauptsache beziehen auf: Schorf – Mehltau – Blattlaus – Apfelwickler – Fruchtschalenwickler – Rote Spinne – Birnenblattsauger.

Die „Schlanke Spindel" ist eine Baumform, zu der folgende Merkmale gehören:

1. Sie steht auf einer schwachwachsenden Unterlage.
2. Es werden einjährige – besser zweijährige – Veredlungen virusgetesteter Sorten verwendet.
3. Im ersten bis dritten Standjahr erfolgt nur ein Rückschnitt der Mittelachse, der für die gleichmäßige Seitenholzgarnierung wichtig ist.
4. Im ersten bis dritten Standjahr werden, wenn nicht genügend Triebe vorhanden sind, steile Triebe heruntergebunden. Bei zahlreichen Trieben werden steile und schwache Triebe auf Astring entfernt.
5. Das Kerben in den ersten drei Jahren ist sortenbedingt notwendig, kann aber durch Punkt 3 ersetzt werden.
6. Die Pflanzabstände betragen in der Reihe 1,50 bis 2,00 m.
7. Der hochdruckimprägnierte 5/6er Holzpfahl ist 2,50 m lang.
8. Die Kronenform ist ein spitzer, später abgestumpfter Kegel.
9. Die Baumform hat nur eine Mittelachse.
10. In 60 bis 80 cm Höhe werden in Reihenrichtung zwei Seitenäste aufgebaut, die nie entfernt werden dürfen.
11. Über diesen beiden Seitenästen – auch Fruchtäste – werden in unregelmäßiger Reihenfolge waagerechte Seitentriebe, später Fruchttriebe, aufgebaut, die ständig im Wechsel zwischen Trieb- und Fruchtholz gehalten werden.
12. Das Triebverhältnis soll sein: je 1/3 einjährige (Holztrieb), zweijährige (Blütenknospentrieb), dreijährige (Fruchtertrag) Triebe.
13. Der Rückschnitt kann in diesem Stadium ins zweijährige Fruchtholz geführt werden.
14. Das dreijährige abgetragene Fruchtholz ist auf Astring mit Schrägschnitt zu entfernen, wenn genügend zweijähriges Fruchtholz vorhanden ist.
15. Die Höhenbegrenzung liegt je nach Sorte bei 2,00 bis 2,50 m, Birnen 50 cm höher.
16. Eine Fruchtausdünnung zur Fruchtgrößenförderung und Ertragsoptimierung ist von besonderer Wichtigkeit.

17. Der Sommerschnitt – verbunden mit Bindearbeiten – ist wichtiger als der Winterschnitt und sortenbedingt unerläßlich. Binden geht vor Schneiden.
18. Die Anbindung der Mittelachse an den Holzpfahl hat vier bis fünf Mal zu erfolgen.
19. Die letzte Anbindung in 1,80 m Höhe hat bei einer überhängenden Erziehung, z. B. 'Roter Boskoop', locker zu erfolgen, um dem Überhang bei einem starken Fruchtertrag eine Federung zu geben, die einen Astbruch verhindert.
20. Blatt – Trieb – Frucht sind durch entsprechende Pflanzenbehandlungsmaßnahmen gesund zu halten. Nur ein gesundes Blatt baut mit einem gesunden Trieb Blütenknospen und Früchte auf.
21. Die Stickstoffdüngung hat in den ersten drei Jahren hoch zu liegen, da sie der vegetativen Entwicklung des Baumes den Vorrang gibt.
22. Setzt der Vollertrag ein, sind die Hauptnährstoffe nach den Ertragsleistungen zu bemessen.

Schnitt von Birne

Schnittstadien von Sorten mit unterschiedlichem Kronenaufbau

'Lucas'/Quitte ohne Gerüstaufbau nach einem Standjahr.

Zu starke und steilstehende Seitentriebe werden völlig entfernt oder vereinzelt zur Förderung der Fruchtknospenbildung – ohne Rückschnitt – waagerecht gebunden. Der überlange Mitteltrieb wird ebenso eingekürzt wie die wegen ihrer Länge das Gleichgewicht störenden Seitentriebe. Besondere Aufbauäste werden nicht entwickelt. Die Schnittmaßnahmen sind so anzulegen, daß sie nicht zu einer starken Förderung des Mitteltriebes führen (s. Seite 22).

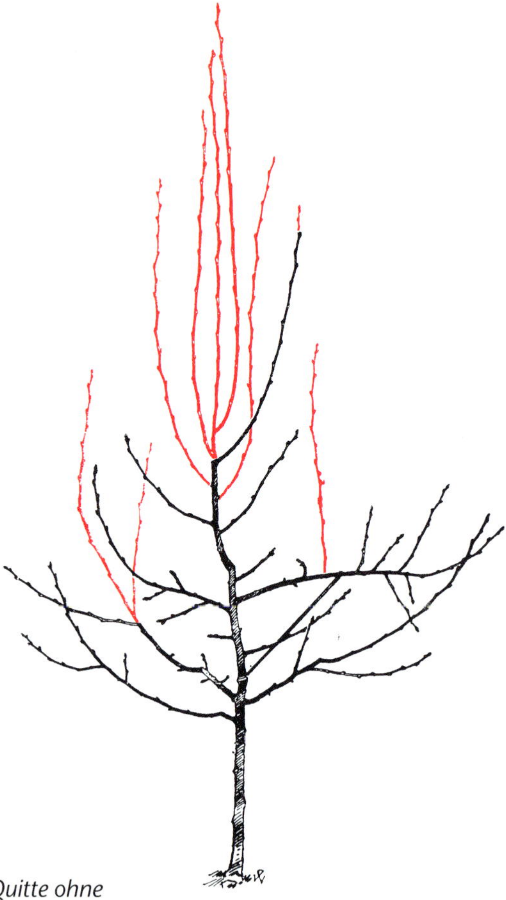

'Lucas'/Quitte ohne Gerüstaufbau nach zwei Standjahren.

An den günstig mit Kurztrieben bekleideten Basisästen beginnt die bei Birne schwierige Ausbildung von Fruchtknospen. Das Belassen der Verlängerung der Mittelachse dient der Spitzenregulierung, um ein späteres Überbauen der physiologisch schwächeren Kronenbasis zu vermeiden.

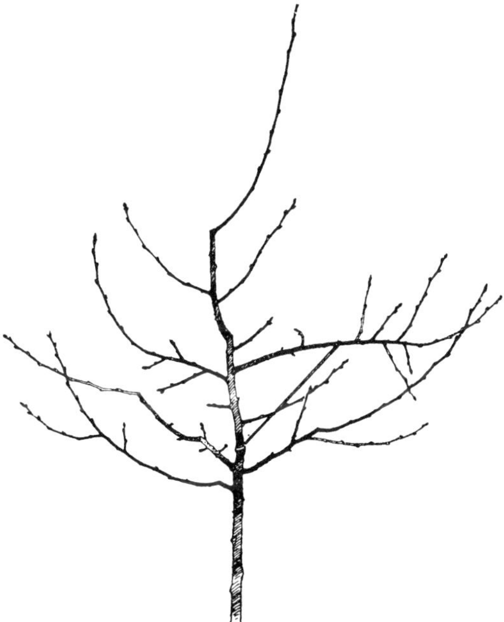

Durch Ableiten und Waagerechtbinden wird die Fruchtknospenbildung im unteren Kronenbereich gefördert. Steile Wasserschosse an Basisästen wurden entfernt. Die steilen Spitzentriebe wurden durch Ableiten der Mittelachse auf einen schrägen und schwächeren Holztrieb beseitigt. Durch Entfernung des Konkurrenztriebes wird die Achsenverlängerung gesichert. Diese wurde nur wenig zurückgeschnitten.

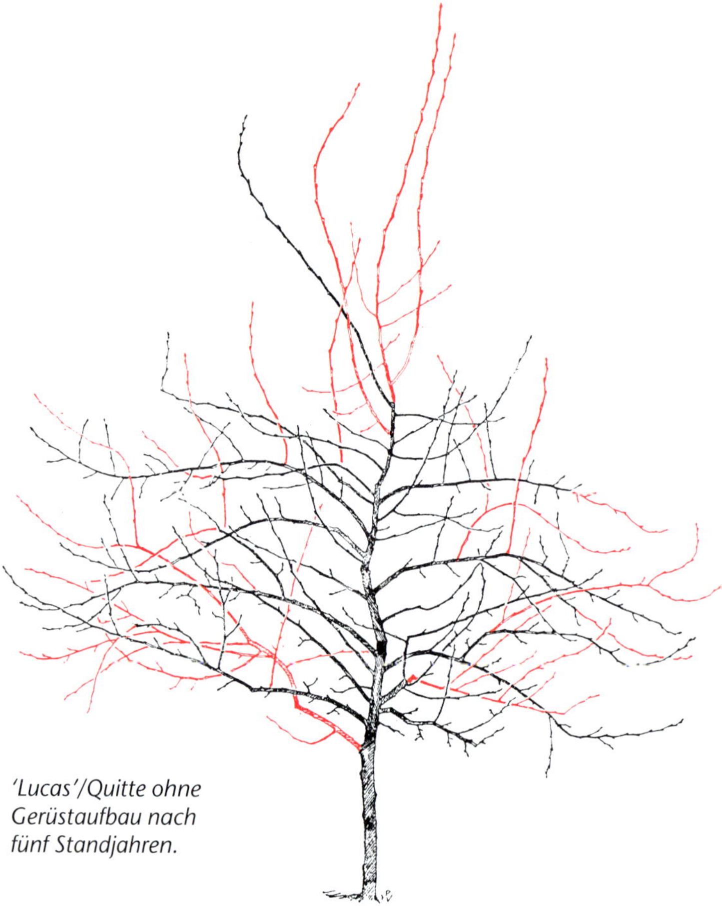

'Lucas'/Quitte ohne Gerüstaufbau nach fünf Standjahren.

Der Baum ist in seinem Triebwachstum schon zur Ruhe gekommen. Einige Äste und senkrechte Jungtriebe stören das Gleichgewicht im unteren und oberen Kronenbereich. Die Ausbildung schwacher, mehr schräger Nebentriebe ist die Gewähr für eine raschere und reichere Blütenbildung. Es ist besonders wichtig, daß bei Kronen ohne Gerüstaufbau auf eine ausreichende Belichtung des Kroneninnenraumes geachtet wird. Bei unregelmäßig übereinander angeordneten Trieben oder Ästen ist eine Streuung um die Mittelachse anzustreben.

Zu dicht stehende Aste wurden ebenso entfernt wie der stärkere Steiltrieb in der Kronenspitze und die einzelnen, senkrecht stehenden Wasserschosse. Einzelne, überalterte und verkahlte Fruchtäste wurden bereits zur Fruchtholzerneuerung zurückgeschnitten.

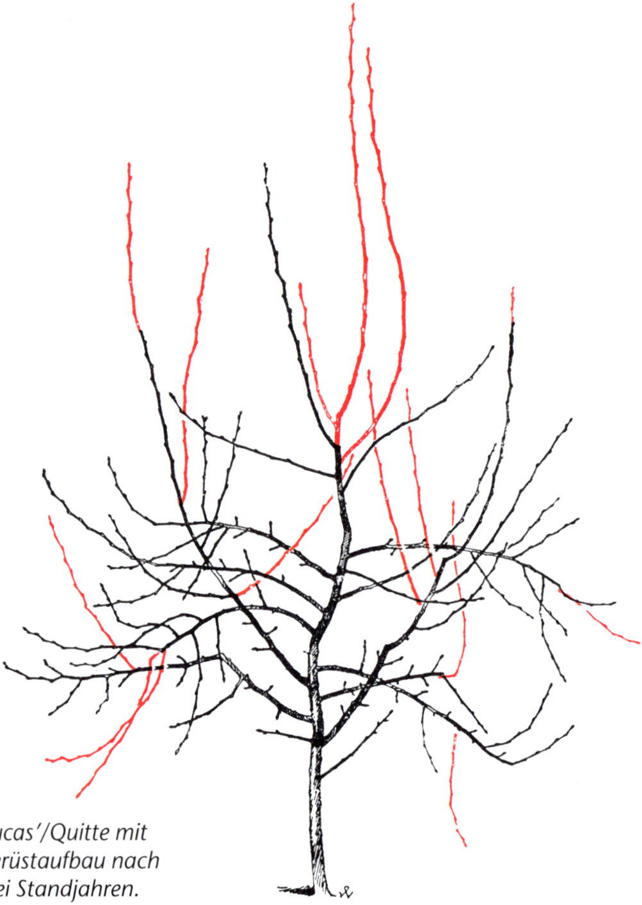

'Lucas'/Quitte mit Gerüstaufbau nach drei Standjahren.

Im Gegensatz zu den vorigen Kronen wurden seitliche, im Wachstum geförderte Leitäste aufgebaut. Sie unterscheiden sich durch die steilere Winkelstellung deutlich von den übrigen ungeschnittenen Tragästen. Diese Art der Erziehung ist an Rund- und Flachkronen möglich und entspricht den klassischen Methoden des Kronenaufbaues.

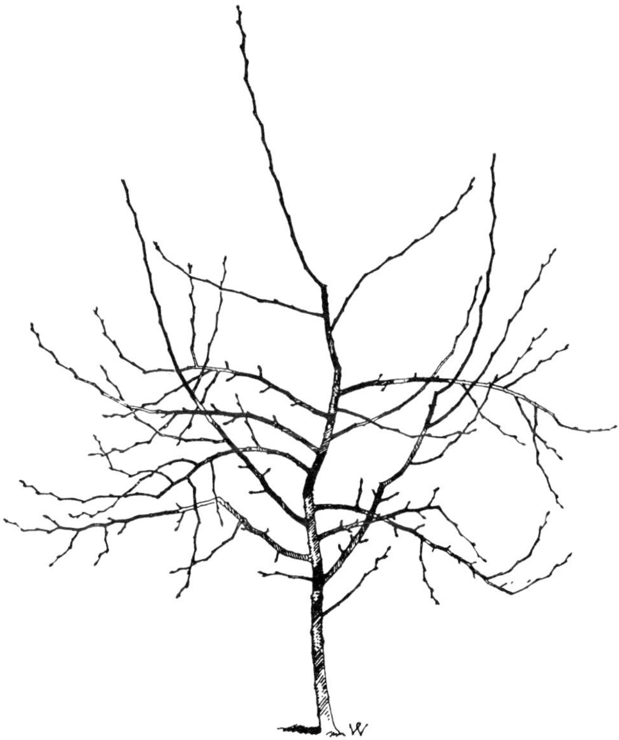

Die Mittelachse wurde auf einen tiefer stehenden Jungtrieb abgeleitet und schwach eingekürzt. Die beiden seitlichen Leitäste wurden von Reitern bzw. zu engen Vergabelungen befreit und auf eine Höhe zurückgeschnitten. Je nach Entwicklung des vegetativen Wachstums ist ein Waagerechtstellen einzelner Triebe möglich und anzuraten.

'Lucas'/Quitte als Flachkrone nach zehn Standjahren.

Ein deutlicher Kronenaufbau aus einer schwachen Mittelachse und flachstehenden, kräftigen seitlichen Leitästen ist zu erkennen. Alle anderen Zweige sind Fruchtäste, deren Fruchtholz teilweise durch den Ertrag bereits so geschwächt ist, daß eine Einkürzung zur erforderlichen Neutriebbildung notwendig wird.

Der Schnitteingriff in der physiologisch weitgehend ausgeglichenen Krone ist relativ gering. Durch weitere Einschränkung des Astgerüstes an der Mittelachse werden Überbauungen und Beschattung des unteren Kronenraumes verhindert. Behindernde Wasserschosse wurden zurückgenommen. Schwächere zweijährige, auch steiler stehende Fruchtäste an allen Teilen der Krone kürzt man ein.

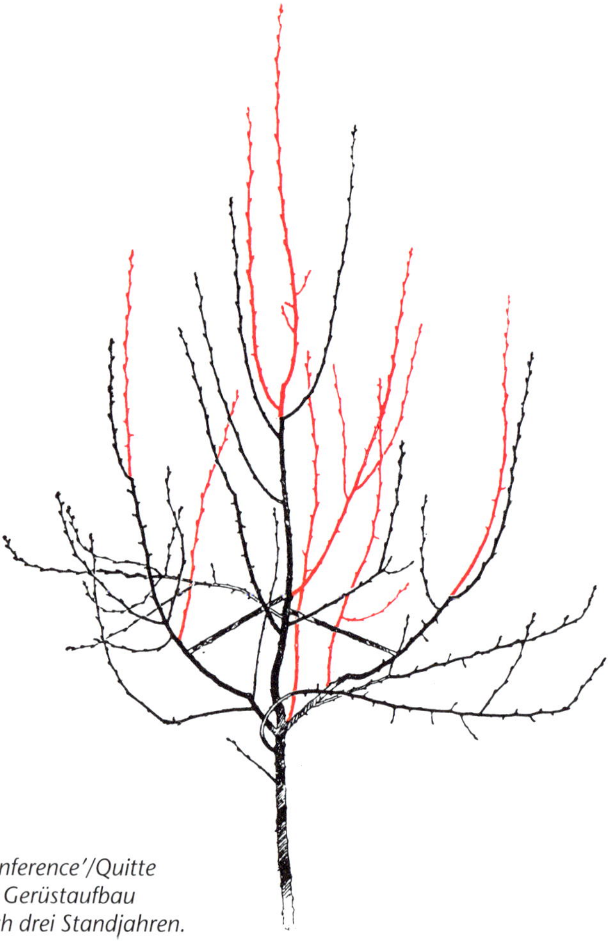

'Conference'/Quitte mit Gerüstaufbau nach drei Standjahren.

Im Gegensatz zu 'Lucas' wächst diese Sorte stärker und steiler. Die hier schwierigere Kronenerziehung wird durch einen systematischen Aufbau der Krone erleichtert. Hierbei ist das vereinzelte Spreizen oder Binden von Trieben bzw. Ästen eine wesentliche Hilfe.

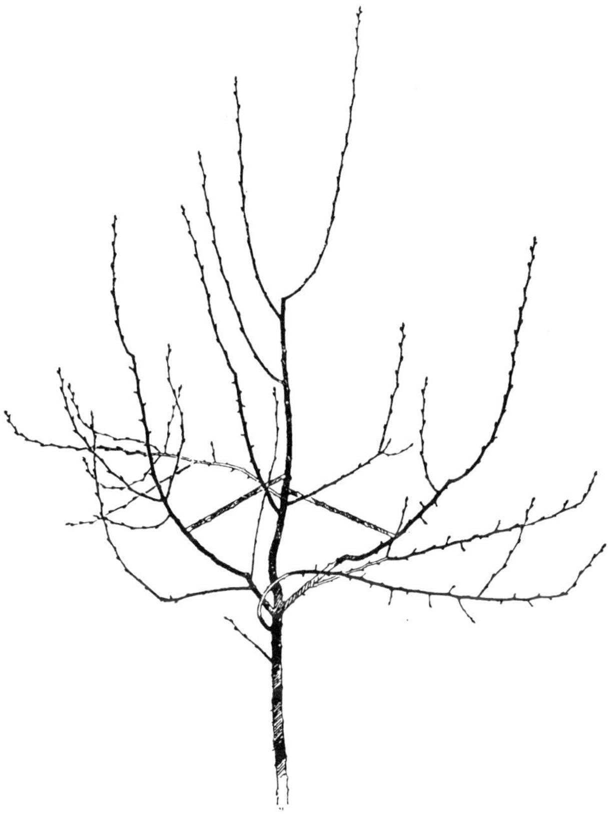

Auch hier wurde die Mitte durch Ableiten in ihrer Wuchskraft gedämpft. Steile Äste wurden ebenso fortgeschnitten wie Wasserschosse. Auch durch Abspreizen wird der Steilwuchs gehemmt. Falls erforderlich werden nur die jungen Leitastverlängerungen etwas zurückgenommen. Zur Förderung der Fruchtknospenbildung werden vereinzelt etwas schwächere, einjährige Reiter in der Krone belassen und erst im zweiten Jahr nach ihrer Blütenausbildung auf die Hälfte eingekürzt.

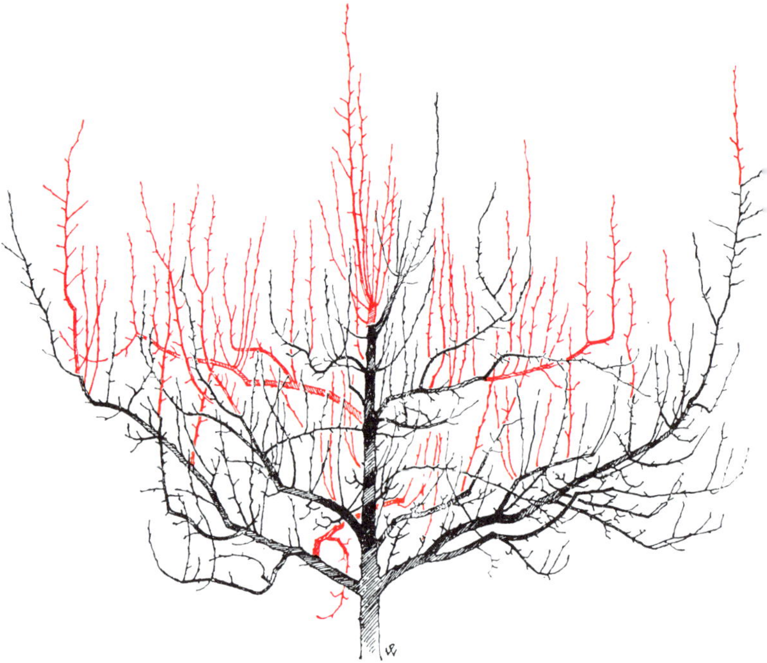

'Conference'/Quitte mit Gerüstaufbau nach zehn Standjahren.

Im Vorjahr wurden die Äste im oberen Kronenraum erheblich zurückgenommen. Dies führte in diesem Bereich zu starker Jungtriebbildung. Vor allem ist hier eine weitere Einschränkung erforderlich, um die erdnahen Kronenteile in ihrer Entwicklung und Leistung zu fördern.

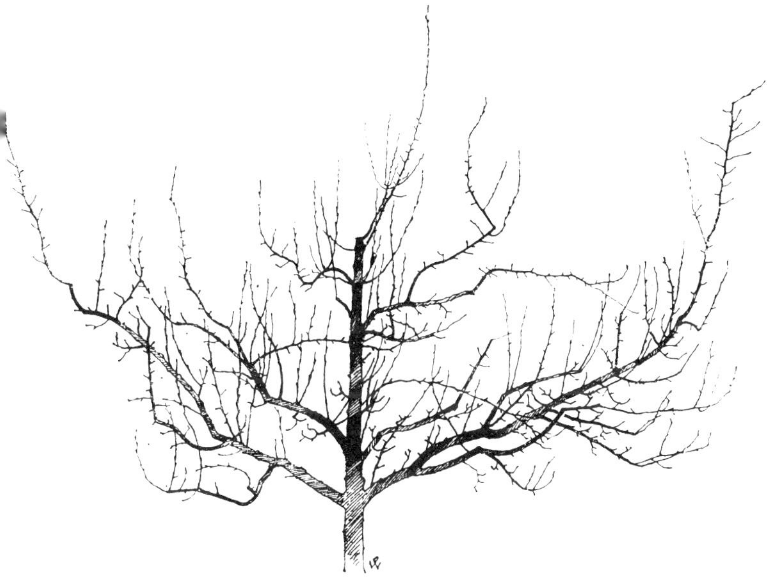

Mit dem Fortschnitt der störenden Äste am Altwuchs erfolgte gleichzeitig eine Beseitigung der zahlreichen Wasserschosse. Durch rechtzeitigen Sommerriß hätte man ihre zu starke Ausbildung von vornherein unterbinden können (s. S. 54). Das Einkürzen der zweijährigen Fruchtäste bis auf die Hälfte ihrer Länge ist für einen sicheren und baldigen Fruchtansatz wichtig. Ebenso können durch Binden oder Klammern geeignete Wasserschosse zu Fruchtästen umgestimmt werden, allerdings unter Beachtung der ausreichenden Belichtung des Kroneninnenraumes.

Auslichtungsschnitt allgemein

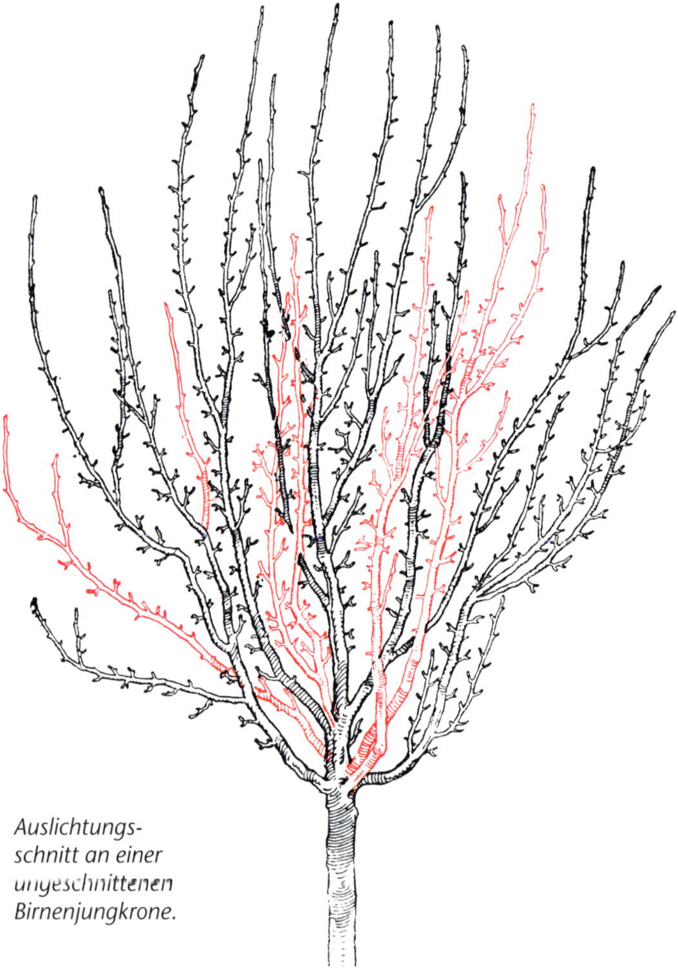

Auslichtungsschnitt an einer ungeschnittenen Birnenjungkrone.

Nach Beseitigung der zu dicht stehenden Hauptäste werden auch alle nach innen wachsenden, sich reibenden und kreuzenden Nebenäste gänzlich entfernt oder auf Fruchtholzlänge zurückgenommen.

Anschließend erfolgt ein schwacher Rückschnitt (evtl. in älteres Holz) der zu langen Äste. Zwischen Spitze und Basis soll bei Birnen ein Winkel von 90 Grad und bei Äpfeln, Süßkirschen und Pflaumen ein solcher von 120 Grad angestrebt werden. Die oberen Leitäste werden zweckmäßig abgespreizt.

Bei dem Auslichten gilt es vor allem, einzelne größere Äste fortzuschneiden, um dem Kronengerüst genügend Licht zukommen zu lassen und die Bildung von Neutrieben zu fördern.

Erziehung von Kernobstspalieren

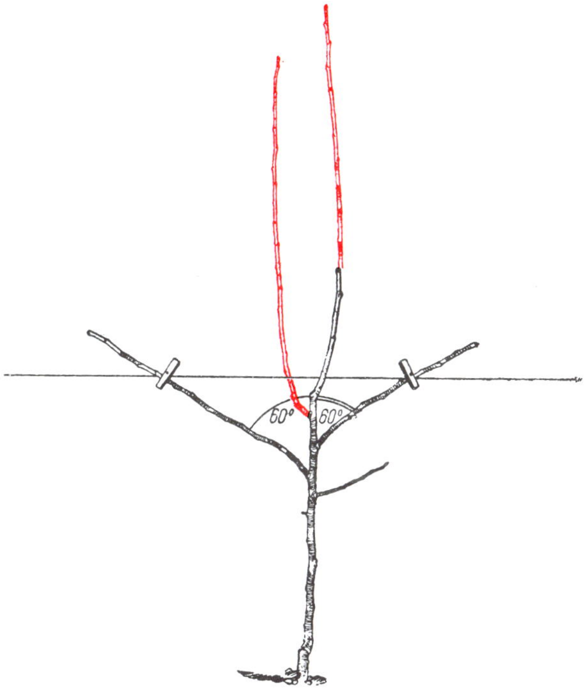

Einjährige Krone.

Im Gegensatz zur Spindel wird der Mitteltrieb zugunsten der Seitentriebe scharf zurückgeschnitten, die ihrerseits nur wenig eingekürzt werden. Die Seitentriebe werden je nach Seite im Winkel von 60 bis 80 Grad an den Spanndraht geheftet.

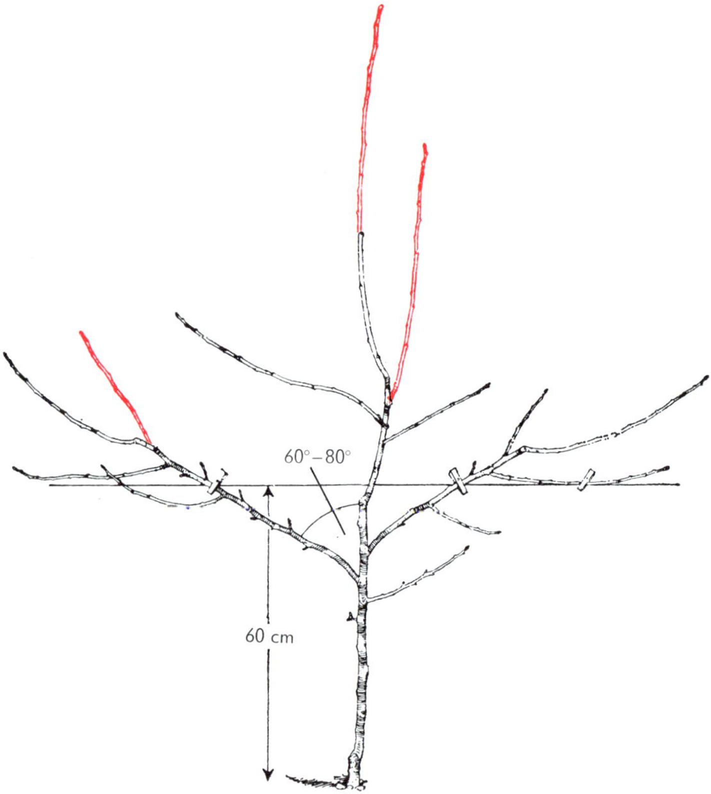

Zweijährige Krone.

Im folgenden Jahr wird der Mitteltrieb auf etwa die Hälfte zurückgenommen. Junge Konkurrenztriebe werden entfernt. Die dann austreibenden starken Seitentriebe werden ab Mittsommer schräg an den Spanndraht gebunden und im folgenden Herbst nicht mehr zurückgeschnitten.

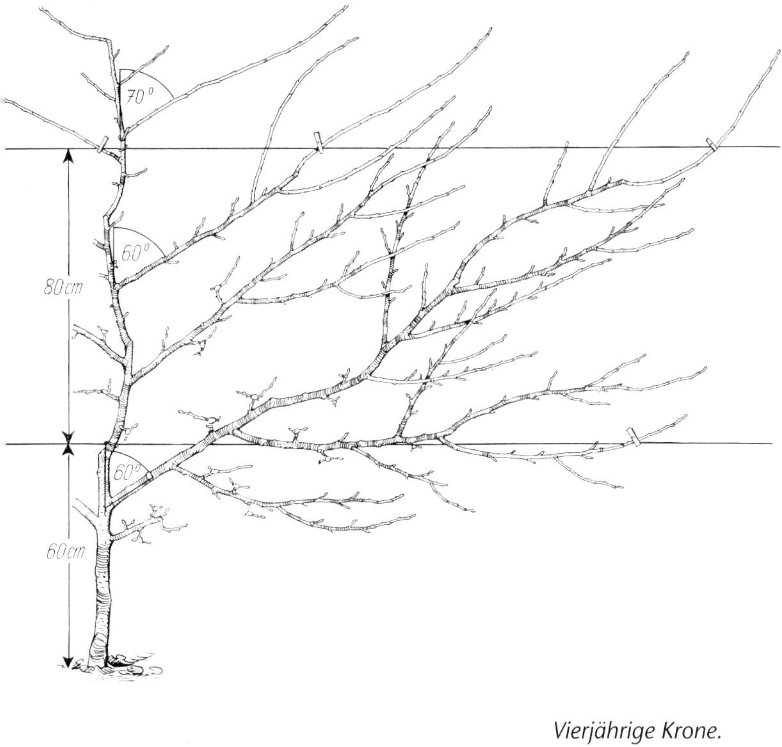

Vierjährige Krone.

Bei entsprechender Triebstärke werden in den folgenden Jahren höher liegende Etagen entwickelt. Die Seitentriebe an der Basis müssen die Führung auf Kosten der Kronenspitze behalten. Durch die deutliche Schrägstellung wird die Gefahr ihrer Verkahlung vermindert.

Steinobst

Für den Aufbau des Kronengerüstes gelten die gleichen Grundsätze wie bei Kernobst. Da sich Nebenäste vielfach schwächer entwickeln als bei Apfel und Birne, kann man neben dem Mitteltrieb bei Schattenmorelle, Pfirsich, Aprikose und Mirabelle vier, bei Süßkirsche, Pflaume und Zwetsche drei Seitentriebe erster Ordnung entwickeln. Bei der Verwendung schwachwachsender Unterlagen kann auch beim Gerüstaufbau Kronenerziehung wie beim Kernobst betrieben werden. Zum Aufbau nicht benötigte Nebentriebe können zur Ertragsbeschleunigung in der Krone dann ohne Rücksicht belassen werden, wenn sie den Leittrieben durch Schräg- oder Waagerechtstellen untergeordnet sind. Die Erziehung von abgeplatteten Kronen nach den Beispielen auf den Seiten 147 u. 148 ist bei den meisten Steinobstarten durchführbar.

In ihrer Leistung bald nachlassende Pflaumensorten und Mirabellen, vor allem aber Schattenmorellen und Pfirsiche, sollten zur Erhaltung und Ausbildung kräftiger Jungtriebe und größerer Früchte – auch an der Kronenbasis – nach Abschluß des Kronenaufbaues einem Überwachungsschnitt unterzogen werden. Man entfernt rechtzeitig und laufend zu dicht stehende, verkahlte und hängende Äste.

Süßkirschen und Zwetschen – und von Natur aus wenig verkahlende Sauerkirschsorten – bedürfen nach Aufbau des Kronengerüstes nur noch eines angemessenen Überwachungsschnittes, mit Ausnahme der Arten und Sorten, die auf schwachwachsenden Unterlagen stehen. Bei Pfirsich muß über die Auslichtung hinaus nach einigen Standjahren zur stärkeren Blütenbeschränkung und Fruchtvergrößerung ein Fruchtholzschnitt durch Einkürzen der Jungtriebe vorgenommen werden.

Alle Steinobstarten und -sorten werden dann einem Verjüngungsschnitt nach den Beispielen von S. 153 bis 154 unterworfen, wenn trotz höherer Nährstoffgaben eine starke Verkahlung einsetzt und Jungtriebbildung sowie Fruchtgröße merklich nachlassen.

Schnitt von Schattenmorelle

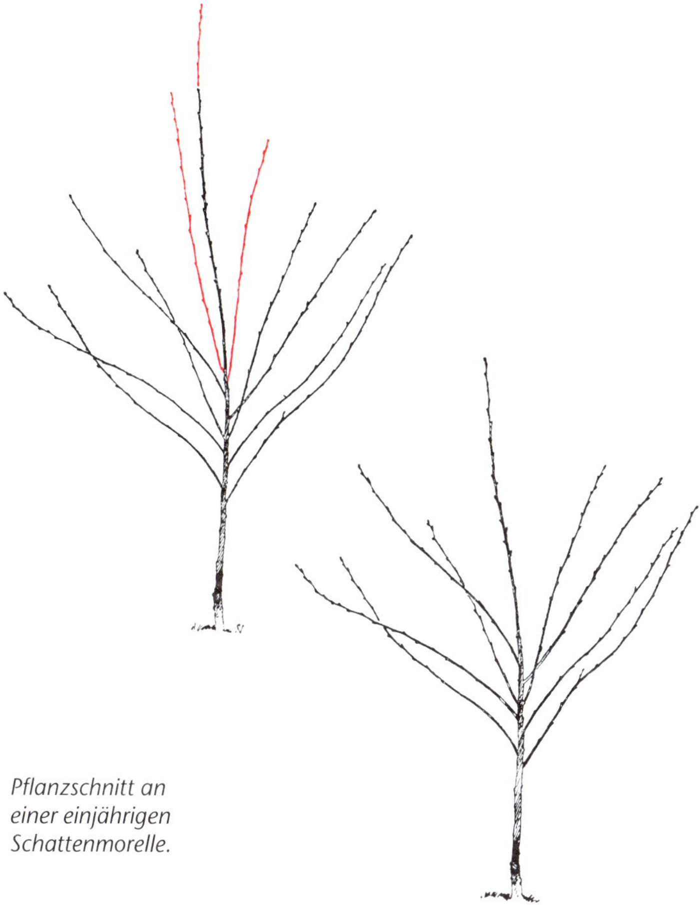

Pflanzschnitt an einer einjährigen Schattenmorelle.

Da die Krone von Schattenmorellen möglichst erdnah sein soll, um vom Boden aus beerntet werden zu können, werden die am Stamm tiefer liegenden vorzeitigen Triebe – vor allem die weniger steilstehenden – erhalten. Nur der Mitteltrieb wird etwas zurückgeschnitten. Dieser schonende Schnitteingriff fördert schon in den ersten Jahren nach der Pflanzung eine günstige Baumentwicklung.

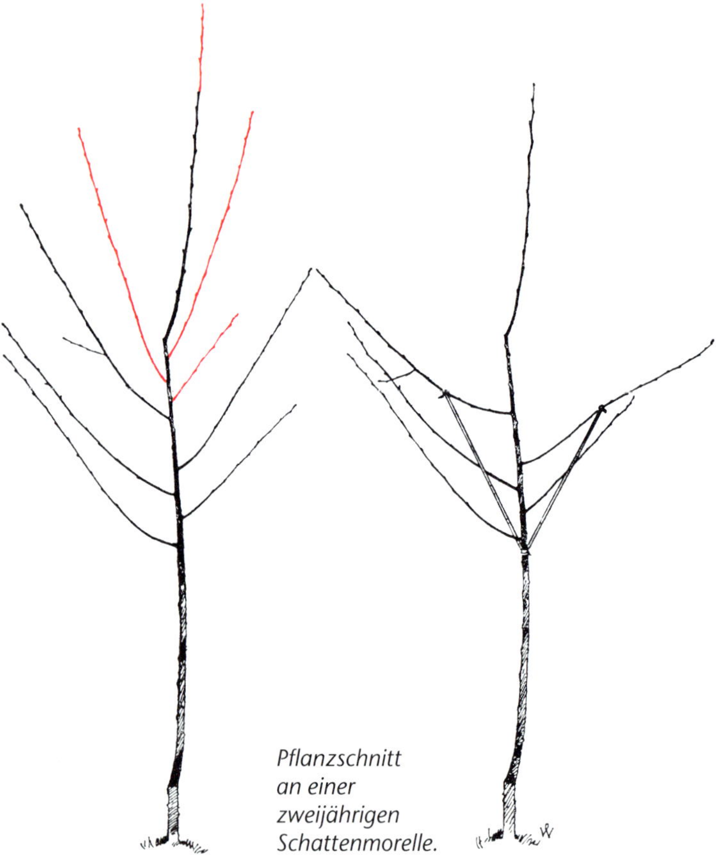

Pflanzschnitt an einer zweijährigen Schattenmorelle.

Einfacher ist der Aufbau einer zweijährigen Krone mit locker verteilten Seitentrieben. Steilstehende Konkurrenztriebe werden ganz entfernt, steile Seitentriebe können im Einzelfall schräg gebunden werden. Durch diese Maßnahme entstehen größere Kronengerüste. Kopfveredelungen werden durch Ableiten auf einen Hauptast beschränkt, der nicht eingekürzt wird.

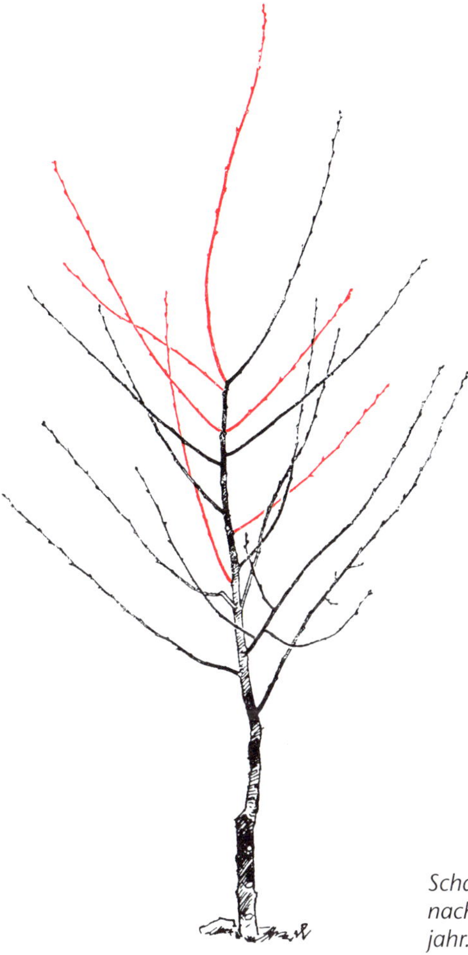

Schattenmorelle nach einem Standjahr.

Die Jungkrone (s. S. 142) hat sich weiter günstig aufgebaut. Die Seitentriebe sind so locker an der Stammverlängerung verteilt, daß sie sich auch künftig im Kronenraum und in ihrem Ansatz an der Mittelachse nicht behindern. Bei einer solchen Winkelstellung zur Mitte ist ein Ausbrechen selten.

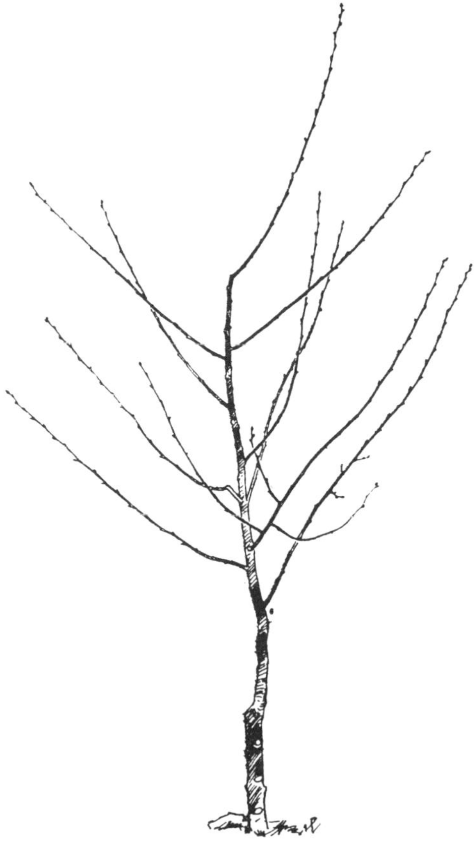

Wie beim Kernobst wird die Mittelachse abgeleitet. Mit dem neuen Mitteltrieb konkurrierende Seitentriebe an der Spitze wurden ebenso entfernt wie zu eng stehende Triebe im Innern der Krone.

Rundkrone von Schattenmorelle nach fünf Standjahren.

Auf den Seiten 145–148 wird der unterschiedliche Aufbau von gleichaltrigen Rund- und Flachkronen gezeigt. Die Rundkrone wird mit einer ausgeprägten Mittelachse und drei seitlichen Leitästen erzogen. An ihnen haben sich vielfach verzweigte Kronenteile entwickelt.

Mittel- und Seitenäste wurden auf schräg stehende Triebverlängerungen abgeleitet. Konkurrenztriebe entfernt man grundsätzlich. Zu dicht stehende Jungtriebe, vor allem im oberen Kronenraum, werden ebenso beseitigt wie ältere, schon stärker verkahlte. Das zeitraubende Einkürzen von Jungtrieben ist nicht mehr üblich, da scharf geschnittene 'Schattenmorellen' geringeren Ertrag bringen.

Flachkrone von Schattenmorelle nach fünf Standjahren.

Von den Steinobstarten läßt sich die Schattenmorelle am leichtesten als Flachkrone aufbauen und als solche halten. Sie wird mit nur zwei seitlichen Leitästen erzogen. Die Mittelachse überragt die Seitenäste kaum. Eine deutliche Einschränkung der oberen Kronenteile durch Ableiten von Ästen und Beseitigung von Jungtrieben ist erforderlich, um auch das Kroneninnere genügend zu belichten und ohne Behinderung beernten zu können.

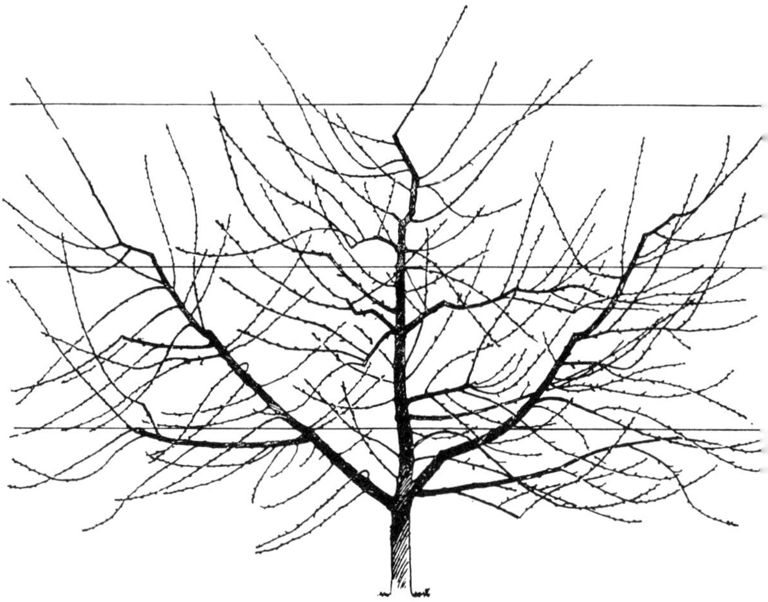

Neben dem Ableiten von Ästen müssen vor allem steile Jungtriebe auf der Oberseite der Leitäste entfernt werden. An der Basis ist überaltertes, und verkahltes Fruchtholz auf Jungtriebe zu leiten oder ganz fortzuschneiden. Ein Rückschnitt der Jungtriebe – wie in früheren Jahren üblich – erfolgt auch hier nicht mehr.

Kaum geschnittene Schattenmorelle nach zehn Standjahren.

Die Krone war nach fünf Standjahren erstmals geschnitten worden. Dabei wurden die Stammverlängerung und einzelne steile Seitenäste entfernt.

Nach zehn Jahren wurden – bei weitgehender Schonung des Grundgerüstes – wiederum einzelne Äste im Inneren der Krone und abgetragene Fruchtäste oder behindernde Jungtriebe fortgeschnitten. Überschreitet die Kronenentwicklung einen zugeteilten Standraum, ist ein Eingriff in den äußeren Kronenbereichen erforderlich, bei dem man auf weiter innen liegende Verzweigungen zurückgeht.

Schattenmorelle, bis zum zehnten Standjahr nicht geschnitten.

Die niemals geschnittene und schon weitgehend überalterte Krone brachte höchste Erträge von geringer Qualität, die außerdem schwierig zu ernten waren. Sie ist in einer geschlossenen Obstanlage ohne größeren Schnitteingriff kaum noch zu erhalten.

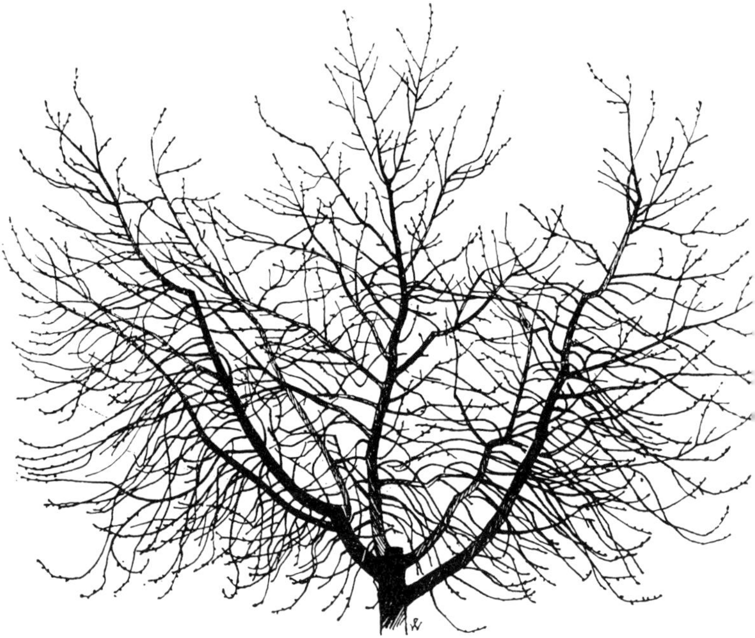

Im ersten Behandlungsjahr wurden zunächst überflüssige, vor allem im Inneren stehende, größere Äste entfernt. Die Stammverlängerung wurde beseitigt und so eine Hohlkrone angestrebt. Schon dieser Eingriff wird die Jungtriebbildung anregen. Ein weiterer Schnitt im zweiten Jahr erfolgt wie auf Seite 150 dargestellt.

Verjüngung eines mäßig verkahlten Zweiges.

Zu dicht stehende und vor allem hängende Vergabelungen mit verkahlten Zweigen werden beseitigt. Aufrecht stehende Triebe werden zum Wiederaufbau geschont.

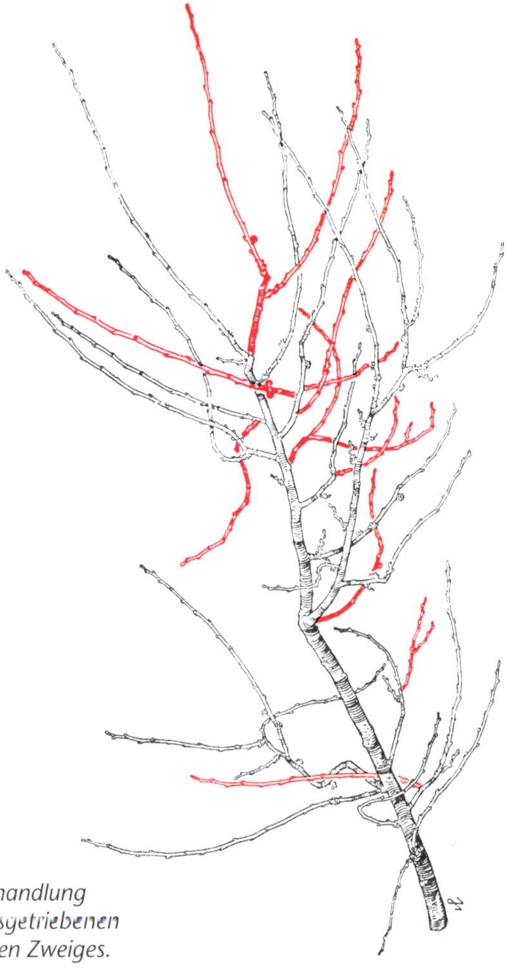

Nachbehandlung eines ausgetriebenen verjüngten Zweiges.

Durch den Rückschnitt ist in allen Teilen der Krone ein kräftiger Austrieb erfolgt und die Verkahlung rasch beseitigt. Die zu zahlreichen und schlecht im Raum verteilten Triebe werden entfernt.

Verjüngung eines stark verkahlten Zweiges.

Nur durch sehr starken Rückschnitt auf einjährige Kurztriebe am Scheitelpunkt des Fruchtbogens und ihr Einkürzen auf wenige Augen ist eine – dann aber auch sichere – Neutriebbildung und Lebensverlängerung möglich.

Schnitt von Süßkirsche

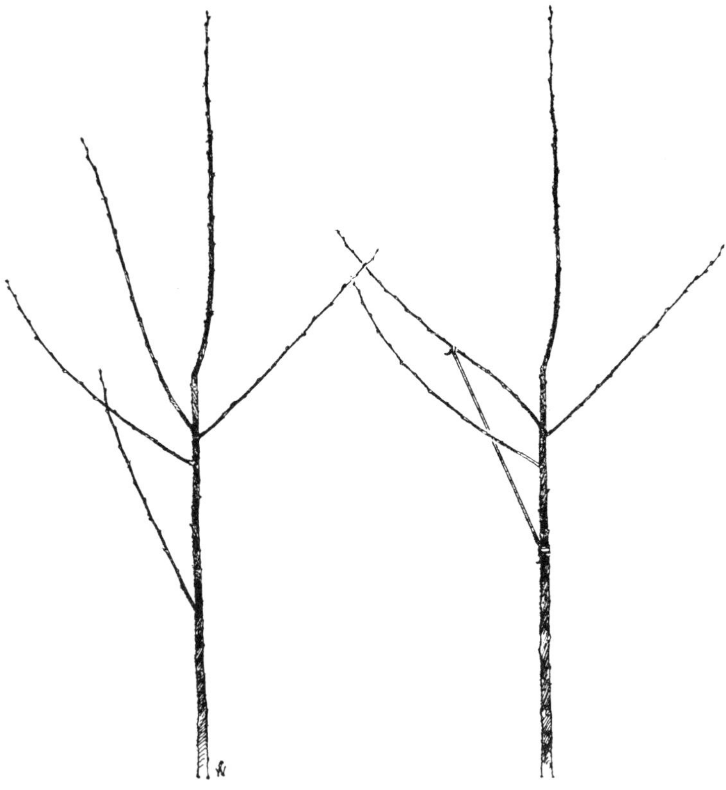

Süßkirsche nach einem Standjahr.

Die Krone zeigt eine lockere Verteilung der Leittriebe. Der steile Seitentrieb kann schräg gebunden werden. Ein Rückschnitt der Jungtriebe unterbleibt, um eine möglichst schräge Stellung der Seitenäste zu fördern.

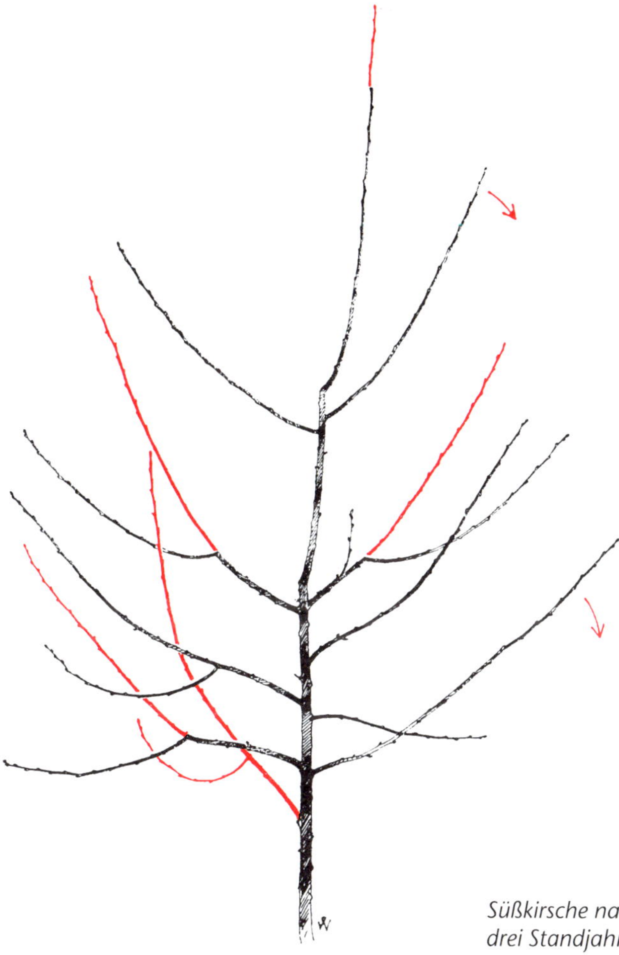

Süßkirsche nach drei Standjahren.

Die Krone hat sich weiter aufgebaut. Sie bedarf nur eines geringen Schnitteingriffs. Durch den Verzicht auf den Rückschnitt des Mitteltriebes fehlt die vielfach übliche Häufung steil stehender Triebe, die sich später als dickere Äste behindern und dann leicht Gummifluß bilden.

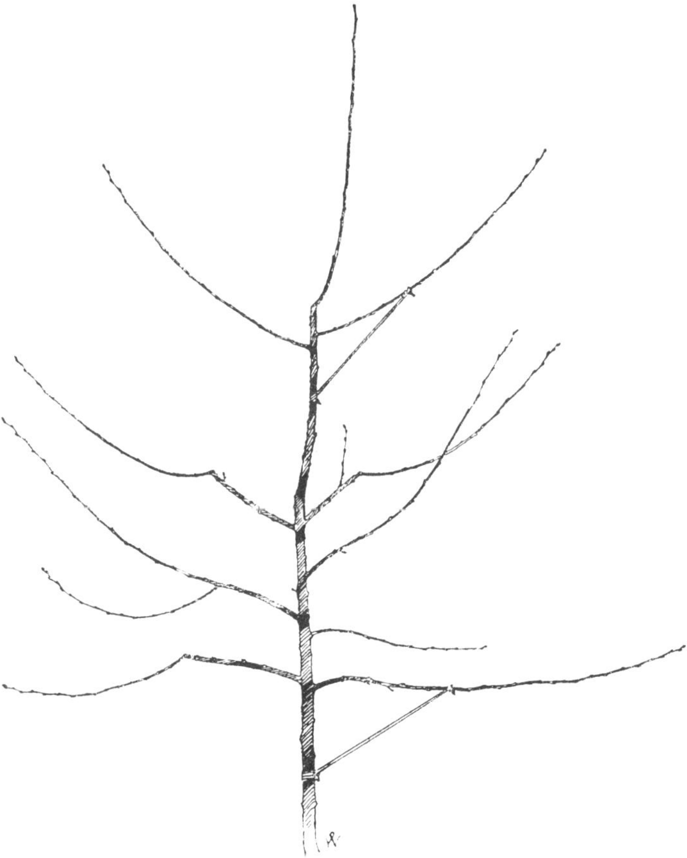

Um allgemein eine flachere Aststellung sicherzustellen, wurden zu steile Triebe auf schräge Seitentriebe abgeleitet oder im Einzelfall gebunden. Ein überlanger Leitast wurde mäßig eingekürzt.

Schnitt von Pfirsich

Pflanzschnitt der einjährigen Veredlung.

Der Pflanzschnitt kann wie bei der Schattenmorelle durchgeführt werden (s. Seite 141). Die unten am Stamm entstandenen, zu zahlreichen vorzeitigen Triebe werden entfernt. Man kann aber auch die Krone – wie rechts im Bild – kurz zurückschneiden.

Schnitt an junger und verkahlter Krone.

Zur Ertragsbeschleunigung schont man an Jungbäumen alle nicht zum Kronenaufbau benötigten Triebe, vor allem jene an der Basis der Äste.
Mit beginnender, vor allem aber stärkerer Verkahlung wird ein scharfer Fruchtholzschnitt im Vorfrühlung unerläßlich, wobei an einjährigen Trieben ein Rückschnitt auf eine sogenannte echte Knospe erfolgt. Unter echter Knospe versteht man die Anordnung von zwei Blüten und einer Blattknospe.

Umveredelung von Kern- und Steinobst

Bei dieser Art der Trieberneuerung wird ein erheblicher Teil der ursprünglichen Baumkrone mit Hilfe der Veredelung durch eine andere Sorte ersetzt. Die Umveredelung soll planvoll und nur dann erfolgen, wenn der Baum noch gesund ist und die kostspielige Arbeit durch nachfolgende Erträge lohnt. Ungeeignet für die Umveredelung sind überalterte Bäume und Gehölze auf obstbaulich schlechtem Standort.

Die Umveredelung wird bei Apfel und Birne häufiger durchgeführt als bei Pflaume und Kirsche oder gar bei Aprikose oder Pfirsich. Mit Ausnahme vom Pfirsich, bei dem nur die Okulation Erfolg hat, führt man bei allen übrigen Sorten das Umpfropfen mit Hilfe der Reisveredelung durch. Von den zahlreichen, im Laufe der Jahre entwickelten Veredelungsmethoden haben sich in der Praxis nur solche durchsetzen können, die bei einfacher Ausführung ein sicheres Anwachsen versprechen. Man verbindet nur verträgliche Edelsorten miteinander, die sich in ihrer Triebstärke ergänzen. Der Erfolg ist am sichersten, wenn die aufzupfropfende Edelsorte starkwüchsiger ist als die bisherige Sorte.

Die Arbeit wird zweckmäßig folgendermaßen eingeteilt: Schneiden der Edelreiser und Einschlagen in einen genügend feuchten, kühlen und vor stärkeren Frösten geschützten Platz um die Jahreswende. Abwerfen der Altkronen im Nachwinter bis Mitte März; Nachschneiden der Pfropfköpfe der Altkronen unmittelbar vor der Veredelung in der Zeit von Mitte März bis Ende Mai. (Der Zeitpunkt wird durch das Veredelungsverfahren bestimmt.) Nachbehandlung der Pfropfköpfe im Sommer der Veredelung; unbedingte mehrjährige, systematische Schnittpflege an der Alt- und Jungkrone, bis ihr Aufbau gesichert ist.

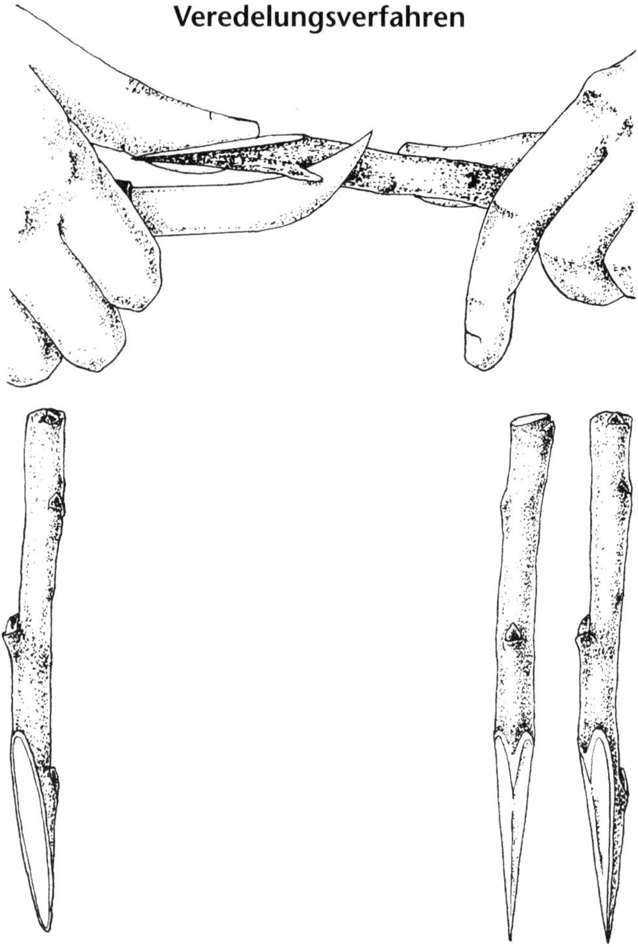

Geißfußveredelung.

Das Edelreis wird mit zwei schräg zueinander liegenden ziehenden Schnitten so keilförmig zugeschnitten, daß diese 3 bis 4 cm lang sind und das Auge etwa in der Mitte gegenüber der Schnittwunde liegt. Ein Teil der Rindenzunge wird entfernt.

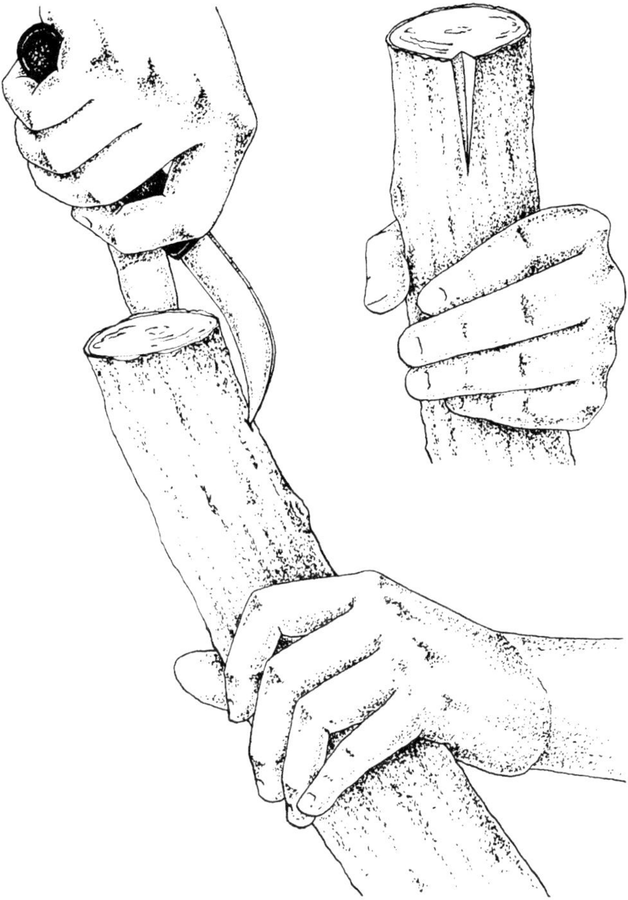

Weiter löst man mit der gleichen Veredelungshippe durch ziehende Schnitte einen nach Breite und Länge gleichförmigen Keil aus der Unterlage.

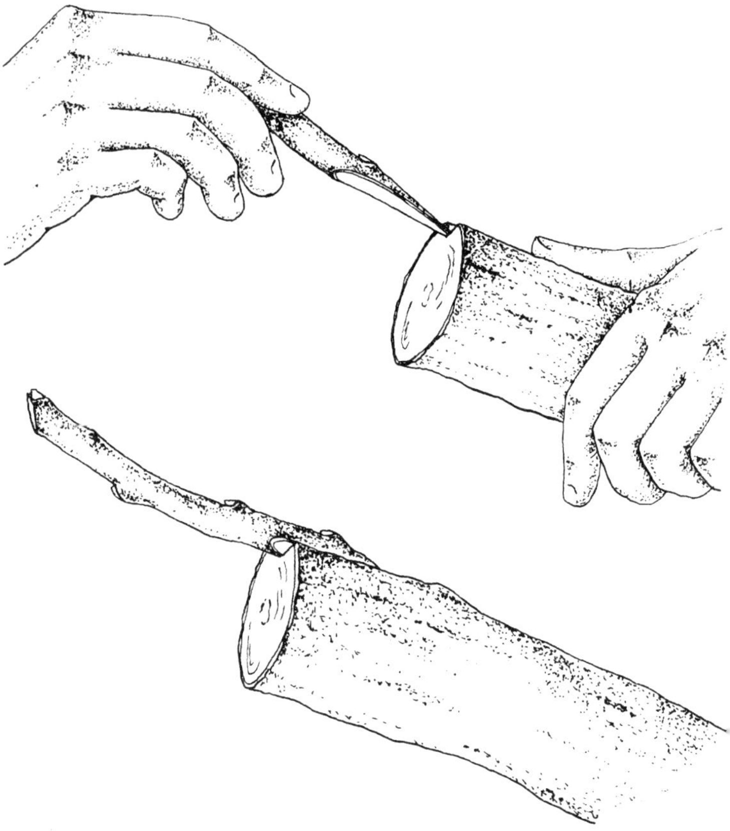

Das Edelreis wird so weit in den Keilausschnitt eingeschoben, daß sich die Wundränder von Unterlage und Reis berühren. Zur Förderung der Verheilung läßt man die Schnittstelle des Reises etwa 3 bis 4 mm über den Pfropfkopf hinausragen. Das untere Edelauge im Keil muß mindestens 5 mm unter der Oberkante des Pfropfkopfes liegen.

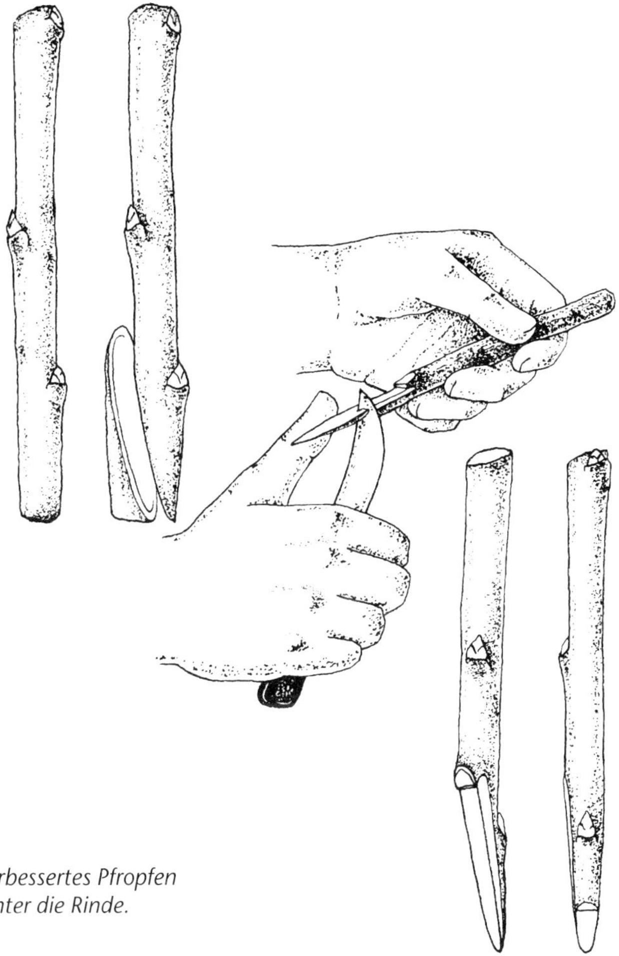

Verbessertes Pfropfen hinter die Rinde.

Etwa am oberen Ende eines normalen Kopulationsschnittes wird ein horizontaler Schnitt durchgeführt. Anschließend schneidet man mit einem ziehenden Längsschnitt einen Sattel aus. Zur Vergrößerung der Berührungsfläche der Wunden von Reis und Unterlage kann man die Rinde des Reises auf beiden Seiten bis zum Sattel und an der Spitze anschneiden.

Durch einen etwa 4 cm langen Schnitt von unten nach oben und das Lösen der Rinde von oben nach unten entsteht im Pfropfkopf Platz für das einzufügende Edelreis. Es wird bis zum Sattel eingeschoben. Das untere Edelauge muß 5 mm unterhalb der Oberkante des Pfropfkopfes liegen.

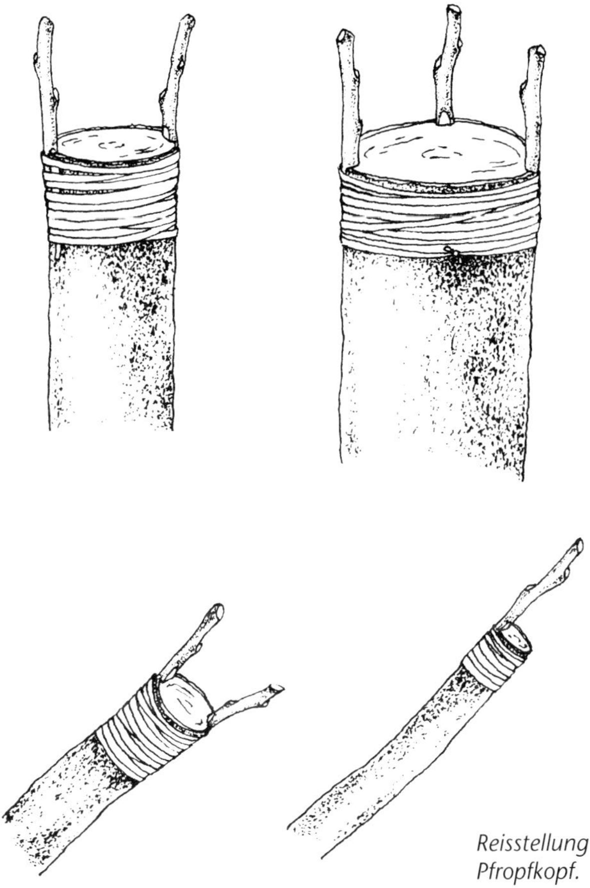

Reisstellung am Pfropfkopf.

Die Stellung der Reiser am Pfropfkopf richtet sich nach der Lage des Astes und nach der erforderlichen Anzahl der Edelreiser. Bei senkrechter Aststellung kann eine beliebige, gleichmäßige Anordnung erfolgen. An einem schrägstehenden Ast werden ein Reis (bis 4 cm Kopfstärke) an der Oberkante des Pfropfkopfes und zwei Reiser (bis 6 cm Kopfstärke) oben und unten eingefügt.

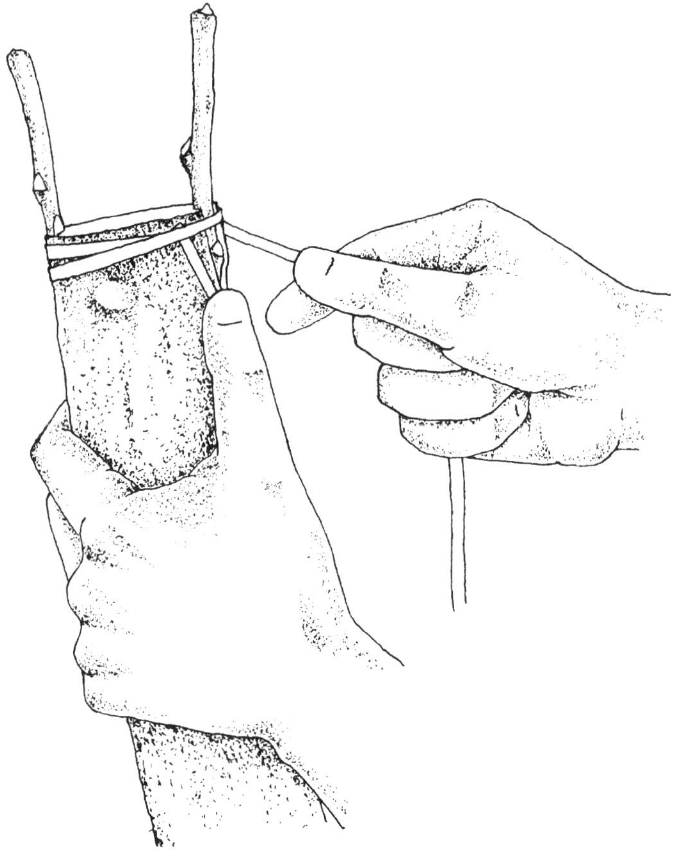

Verbinden und Verstreichen.

Von oben beginnend legt man mit einem haltbaren und genügend langen Faden einen Öffnungen freilassenden, aber festen Verband um den Pfropfkopf.

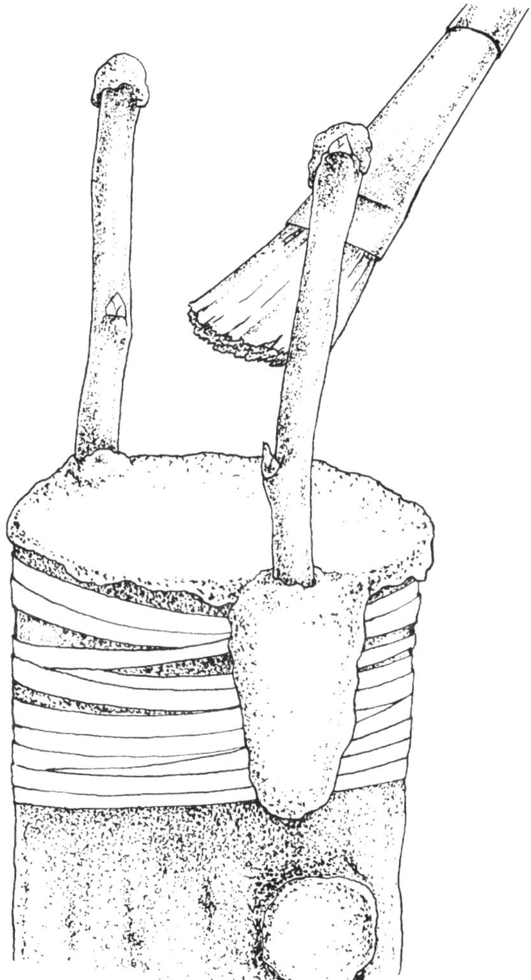

Um das Austrocknen der Wundfläche zu vermeiden und Luft und Nässe fernzuhalten, werden alle offenliegenden Rindenwunden an Reis und Unterlage sofort und sehr sorgfältig, d. h. lückenlos mit Baumwachs verstrichen.

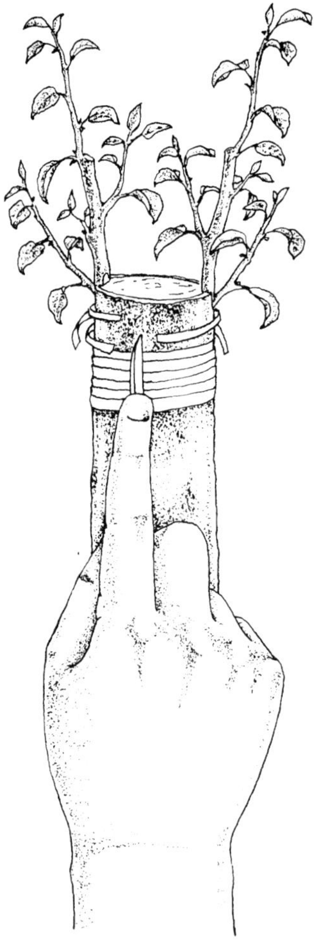

Sommer-
nachbehandlung
des Pfropfkopfes.

Das Einschnüren des Bastverbandes wird durch rechtzeitiges Aufschneiden vermieden. Zur Förderung des Edeltriebes werden bald alle Unterlagenaustriebe an den oberen 30 cm des Pfropfkopfes fortgeschnitten.

Durchführung der Umveredelung

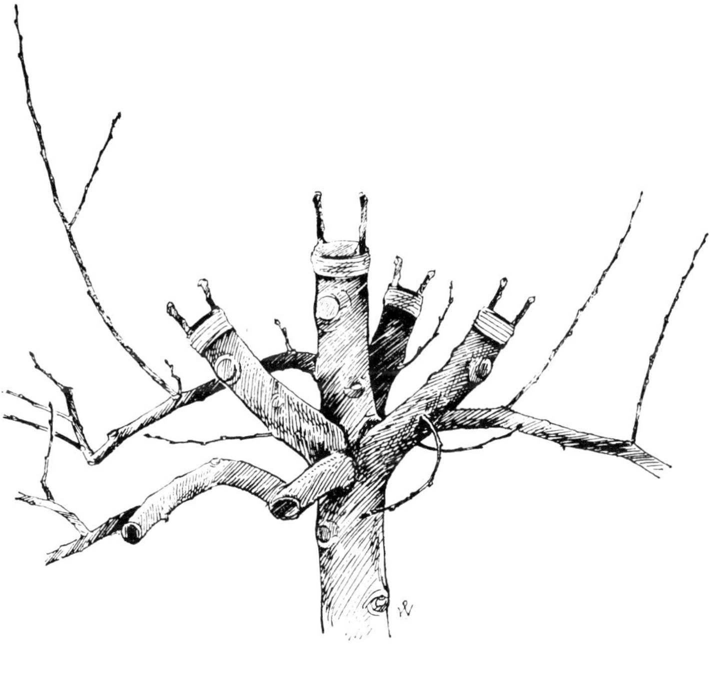

Vorbereitung der umzuveredelnden Altkrone.

Bis auf die erforderlichen Zugäste der Unterlagensorte werden die für den zukünftigen Kronenaufbau verwendbaren Haupttäste im flachen Winkel zurückgeschnitten.

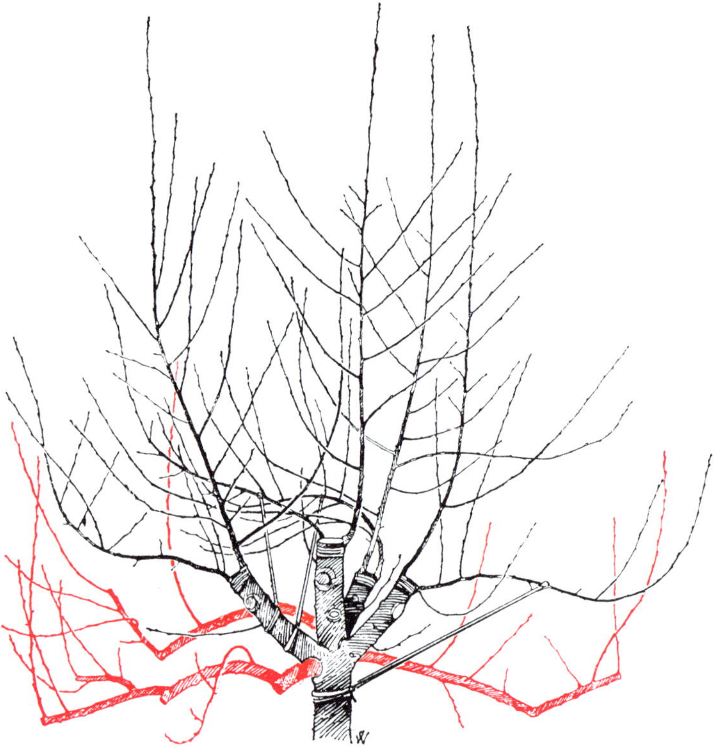

Nachbehandlung der umveredelten Krone nach einem Entwicklungsjahr.

Während der Vegetation sind die Zugäste und aufveredelten Reiser ausgetrieben. Im Sommer werden die am Pfropfkopf stehenden Zweitreiser waagerecht gebunden, um sie bald zu Fruchtholz zu entwickeln. Im Winter werden alle Zugäste der Altsorte bis zum Ansatz abgesägt, weil die kräftig ausgebildete Neukrone den Saftstrom ohne Schaden aufnehmen kann.

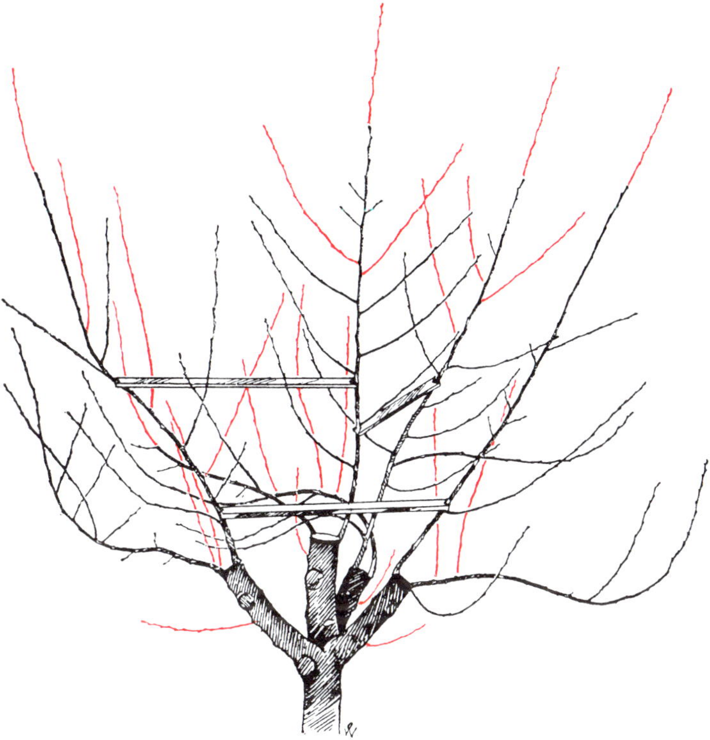

Jeweils ein Reis hat einen kräftigen Ast entwickelt, der als Leittriebverlängerung verwendet wird. Die waagerecht wachsenden bzw. gebundenen Äste aus den jeweils zweiten Reisern sind schwächer geblieben. An ihnen entstehen bald Fruchtknospen. Ohne das Abspreizen der jungen Leitastverlängerungen würden die Seitenäste zu steil und von vornherein zu dicht stehen.

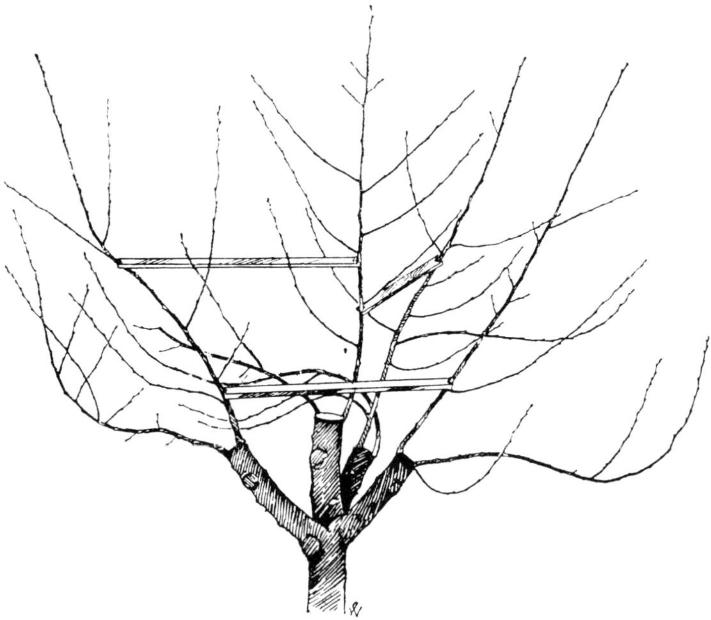

Von den zu zahlreichen vorzeitigen Trieben wurden die starken und steil stehenden fortgeschnitten. Die Verlängerung des Mitteltriebes soll über jene der Seitenäste hinausragen. Die Seitenastverlängerungen sollen in einer Höhe enden, deswegen wird man auf eine Ebene (Saftwaage) zurückschneiden oder ableiten. An den waagerechten Fruchtästen wurden einjährige Triebe nicht eingekürzt.

Wiederaufbau einer Umveredelung nach vier Entwicklungsjahren.

Die Entwicklung einer umverdelten Krone erfolgt rascher als der übliche Aufbau einer Jungkrone. Sie besteht aus Gerüstaufbau- und Tragästen. Beim Schnitt gilt es, die Leitäste durch evtl. Ableiten genügend schräg zu stellen und an den Fruchtästen mehr waagerecht stehende Jungtriebe zu belassen.

Beerenobst

Der strauchartige Wuchs von Stachel- und Johannisbeeren entsteht dadurch, daß sich mehrere Sproßaugen an der Basis in gleicher Stärke entwickeln und gleichmäßig im Austrieb gefördert werden. Die Sproßerneuerung erfolgt immer wieder aus dem Wurzelstock heraus. Das Fruchtholz befindet sich vorwiegend an mehrjährigen Kurztrieben und trägt im zweiten und dritten Jahr die besten Früchte.

Die Himbeere bildet Einzelruten, die im zweiten Jahr Nebentriebe mit Fruchtknospen entwickeln. Diese Ruten sterben stets nach zwei Jahren ab. Sie wachsen ebenso aus Triebaugen der Wurzel wie bei der Brombeere. Diese sind aber mehrere Jahre lebensfähig. Sie bilden an den vorzeitigen Trieben im gleichen oder im zweiten Jahr blütentragende Kurztriebe aus.

Über Art und Notwendigkeit des Schnittes von Beerenobst bestehen noch keine übereinstimmenden Vorstellungen. Unerläßlich sind der Pflanz- und Auslichtungsschnitt und der Fruchtholzschnitt bei Stachelbeeren dann, wenn die Spitzen der Jungtriebe von Mehltau befallen sind, und wenn Johannisbeeren auf Grund ihrer Veranlagung nicht genügend Nebentriebe als Fruchtträger entwickeln. Auch bei Himbeeren müssen die absterbenden Ruten jährlich entfernt werden.

Schnitt von Johannis- und Stachelbeere

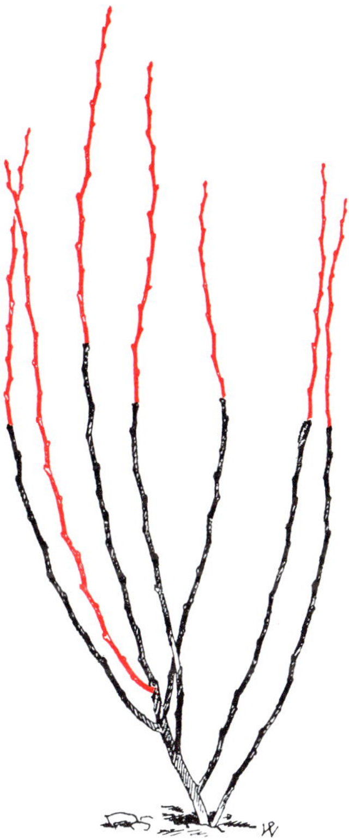

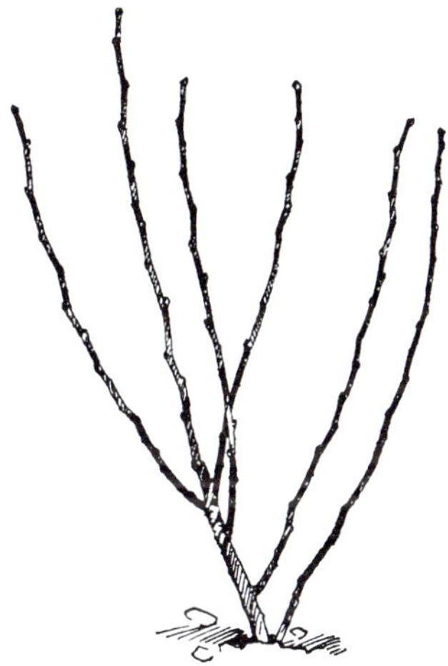

Pflanzschnitt an einem Johannisbeerbusch.

Je nach Qualität haben Johannisbeersträucher drei bis fünf, fünf bis acht oder acht bis zwölf Triebe. Zum Gerüstaufbau werden aber nur etwa sechs kräftige, einjährige Triebe benötigt. Zu schwache und zu eng stehende Austriebe werden beseitigt. Bei schwachen Roten Johannisbeeren erfolgt ein Rückschnitt um die Hälfte, bei stärkeren um ein Drittel auf etwa die gleiche Endhöhe. Schwarze Johannisbeeren werden vielfach nicht zurückgeschnitten.

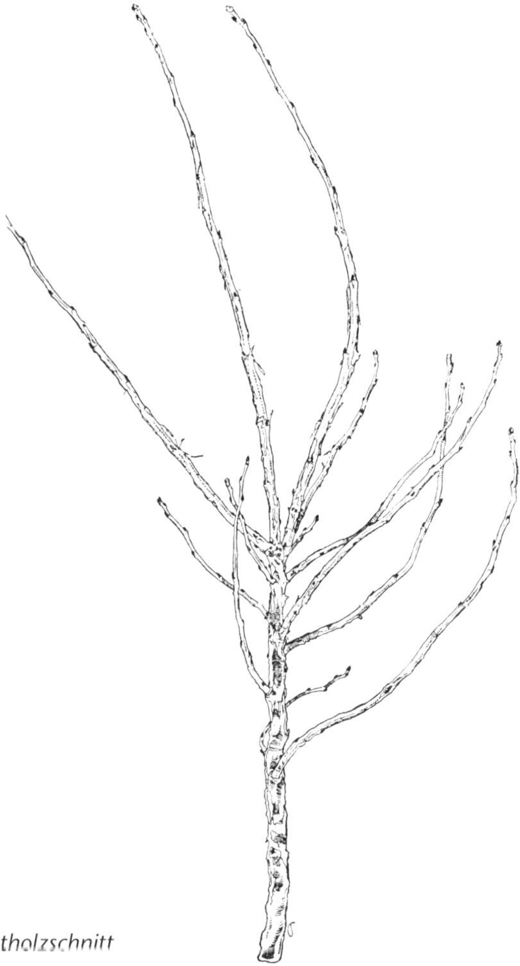

Fruchtholzschnitt

Bei Schwarzen Johannisbeeren werden die Jungtriebe nicht eingekürzt. Bei Roten Johannisbeeren führt man einen Fruchtholzschnitt, d. h. einen Rückschnitt der Triebe, nur dann aus, wenn die Nebentrieb- und damit die Fruchtholzbildung unzureichend ist.

Zur Förderung der Fruchtqualität werden Büsche und Spaliere von Johannisbeeren einem scharfen Fruchtholzschnitt unterworfen.

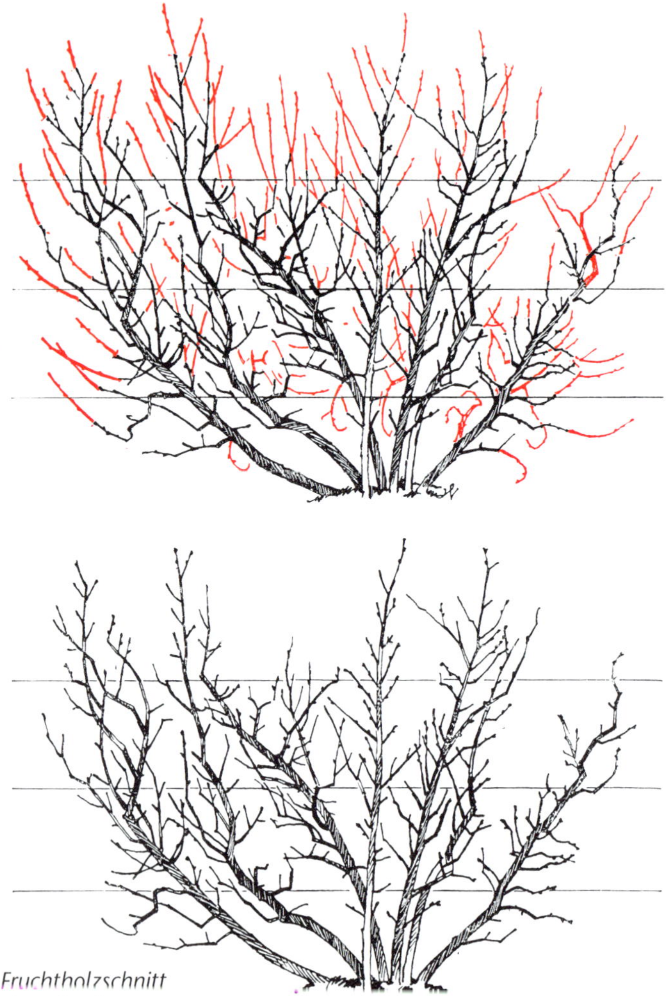

Fruchtholzschnitt eines Spaliers von Roter Johannisbeere.

Er besteht aus dem Entfernen überalterter Aufbauäste, dem Ableiten auf tiefer liegende Nebentriebe und dem vereinzelten Einkürzen der Jungtriebe.

Bei Stachelbeeren wird ein Fruchtholzschnitt durchgeführt, um einmal den Austrieb und die Fruchtgröße zu fördern und zum anderen die mit Stachelbeermehltau befallenen Triebspitzen zu beseitigen.

Der gezeigte Zweig wurde im Vorjahr zurückgeschnitten und nun auf die erforderliche Triebzahl beschränkt. Man kürzt die Triebe etwa um ein Drittel der Länge ein.

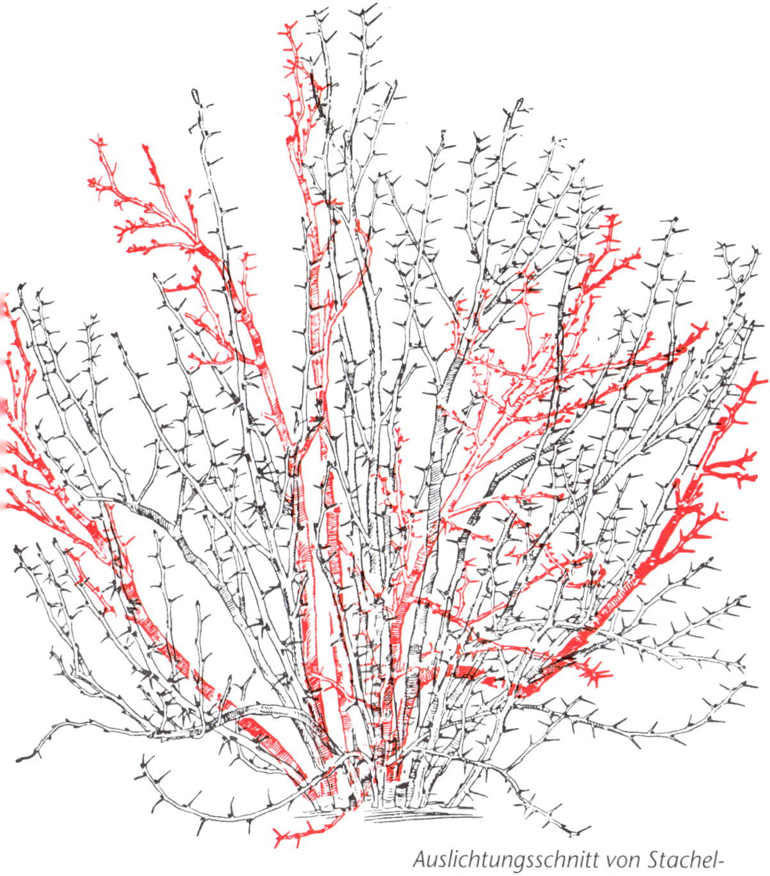

Auslichtungsschnitt von Stachel- und Johannisbeersträuchern.

Im allgemeinen sind Beerensträucher zu dicht. Sie haben dunkelrindigen Altwuchs, der nur wenige und kleine Früchte bringt und vielfach zu schwache, aus dem Boden kommende Jungtriebe.
Der Schnitt muß so erfolgen, daß je nach Beerenobstart und Sorte neun bis zwölf Haupttriebe vorhanden sind. Davon sollte ein Drittel einjährig, ein Drittel zweijährig und ein Drittel dreijährig sein. Älter als dreijährig sollte das Holz nie werden.

Zum Schutz vor Verletzungen durch die Dornen verwendet man zur Entfernung des alten Holzes bis in Bodennähe eine Astschere mit langem Griff. Von den hellrindigen, aus dem Wurzelstock kommenden Jungtrieben werden nur so viele kräftige belassen, wie zum Aufbau des Busches, d. h. zum Ersatz für entfernte ältere Zweige, notwendig sind, in der Regel drei oder vier.

Alle längeren, einjährigen Triebe bei Stachelbeeren müssen dann um ein Drittel eingekürzt werden, wenn ihre Spitzen von Mehltau befallen sind.

Schnitt von Himbeere

Zur Förderung des Anwachsens und zur Anregung der Wurzelschoßbildung werden frisch gepflanzte Himbeeren an feuchten Standorten auf 50 cm Länge, in trockenem Boden bis kurz über der Erdoberfläche abgeschnitten. Alle zweijährigen Ruten an der Pflanze, die stets absterben, werden unmittelbar nach der Ernte direkt über der Erdoberfläche beseitigt. So wird die Verbreitung der gefürchteten Rutenkrankheit, die auch von diesen Trieben ausgeht, erschwert. Da ein gepflegter Himbeerbestand in der Regel viel Jungruten bildet, müssen auch hier aus der Reihe und zu dicht stehende Ruten entfernt werden. Je laufendem Meter sollten nicht mehr als sechs junge, kräftige Ruten stehen.

Schnitt von stachelloser Brombeere als Hecke

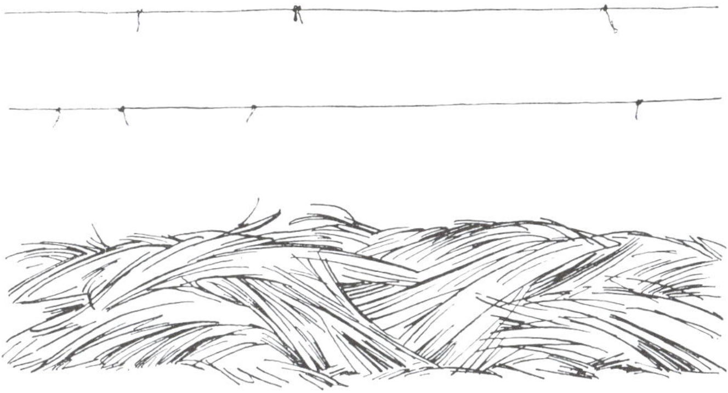

Die am Boden liegenden einjährigen Ranken sind frostempfindlich. Sie sollen im Winter geschlossen dünn mit Stroh abgedeckt werden. Im Frühjahr werden ältere Ruten beseitigt und ein neues Spalier mit den Jungtrieben an Drähten hochgebunden.

Weinreben

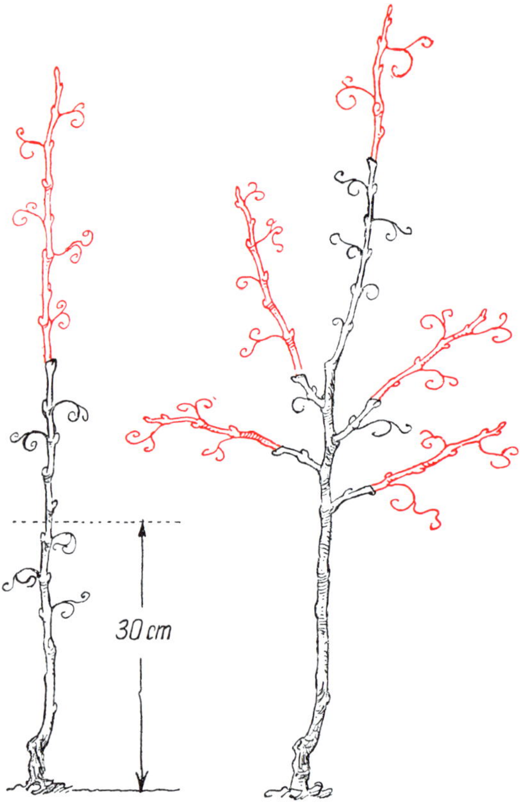

Nach einem Standjahr wird die Rebe auf 30 cm Stammlänge plus sechs Augen beschränkt. Im folgenden Jahr schneidet man die Seitentriebe auf etwa zwei, den Verlängerungstrieb auf etwa sechs Augen.

Schwachtreibende und am kurzen Holz tragende Sorten werden dem Zapfenschnitt im Vorfrühling unterworfen.

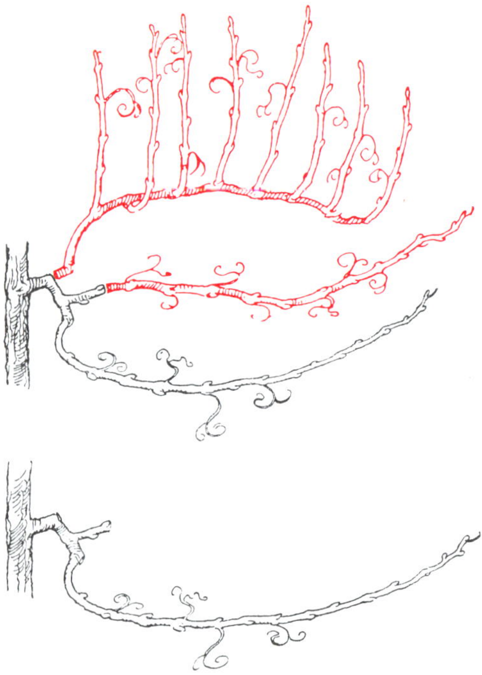

Der Bogrebenschnitt wird bei starktriebigen und an langem Fruchtholz tragenden Rebensorten angewandt.

Art und Zeitpunkt des Schnittes bei den verschiedenen Obstgehölzen

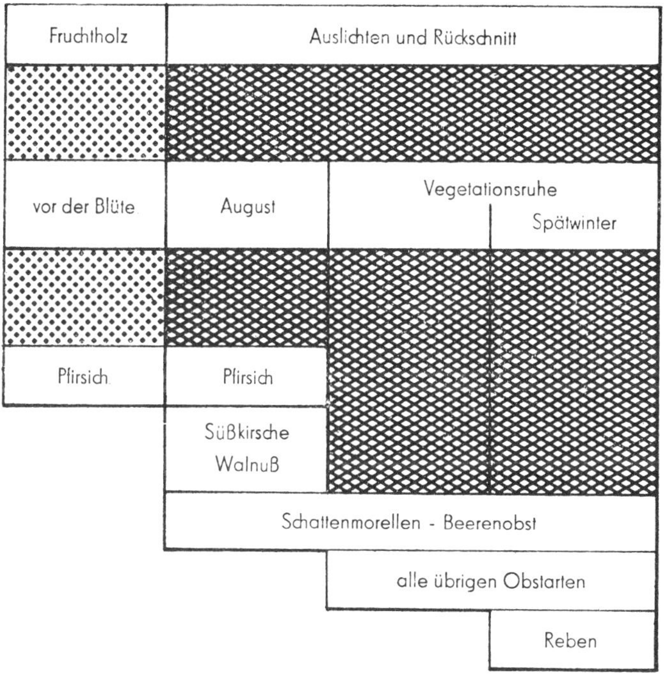

Literatur

BÄRTELS, ANDREAS und MITAUTOREN: Der Baumschulbetrieb, Verlag Eugen Ulmer, Stuttgart 1995.

Obstgehölze BdB-Handbuch VI, Grün ist Leben-Verlagsgesellschaft, Pinneberg 1997.

HIMMELHUBER, PETER: Obst- und Ziergehölze richtig schneiden, Naturbuch Verlag, Augsburg 1998.

KAWOLLEK, WOLFGANG: Handbuch der Pflanzenvermehrung, Naturbuch Verlag, Augsburg 1994.

PETZOLD, HERBERT: Apfelsorten, Neumann, Radebeul 1990.

PETZOLD, HERBERT: Birnensorten, Neumann, Radebeul 1989.

SCHMID, HEINER: Handgriffe im Obstgarten, Verlag Eugen Ulmer, Stuttgart 1988.